PETRÓLEO Y DESMADRE

COLECCIÓN HOGUERAS

68

Edición exclusiva impresa bajo demanda por CreateSpace, Charleston SC.

© **Editorial Alfa, 2013**
© **alfadigital.es, 2016**

Editorial Alfa
Apartado postal 50304, Caracas 1050, Venezuela
Telf.: [+58 212] 762.30.36 / Fax: [+58 212] 762.02.10
e-mail: contacto@editorial-alfa.com
www.editorial-alfa.com

ISBN: 978-980-354-375-4

Diseño de colección
Ulises Milla Lacurcia

Diagramación
Rocío Jaimes

Corrección
Magaly Pérez Campos

Fotografía de portada
AFP Photo / Juan Barreto

Fotografía del autor
Efrén Hernández

Printed by CreateSpace, An Amazon.com Company

PETRÓLEO Y DESMADRE

*De la Gran Venezuela
a la Revolución Bolivariana*

Víctor Salmerón

EDITORIAL
ALFA

ÍNDICE

I. De la euforia al Viernes Negro 7

II. Hablan los protagonistas 57

III. Escalofríos académicos 81

IV. Espectros y Viernes Rojo 87

I. DE LA EUFORIA AL VIERNES NEGRO

En la Venezuela de 1973 lo rural había caído en desuso. La imagen del campesino alpargatudo con un pan bajo el brazo para simbolizar a la mayoría del país apenas permanecía en el recuerdo de los viejos líderes políticos. Ahora Carlos Andrés Pérez, candidato de Acción Democrática, detonaba una penetrante campaña publicitaria elaborada por los asesores extranjeros Joe Napolitan y Clifton White que sacudía con facilidad la mente de una sociedad que recién descubría la adicción a la televisión, construía afanosamente el Poliedro de Caracas para que las estrellas del *disco music* y la salsa nutrieran la cartelera de espectáculos y contaba con una clase media ávida por el Old Parr.

Durante nueve meses, un Carlos Andrés Pérez de 51 años con camisas estampadas, cuellos de punta, pantalones claros y patillas hasta la parte inferior del lóbulo de la oreja caminó cientos de kilómetros, saltando charcos, tocando a la mayor cantidad votantes, pronunciando discursos en cada pueblo. Se levantaba temprano, dormía poco, entusiasmaba a las masas, transmitía una imagen de fuerza, decisión, carisma, que se fundía con el lema «democracia con energía» y, en las miles de cuñas transmitidas por televisión, tenía de fondo el pegajoso *jingle* compuesto por Chelique Sarabia que apelaba a la emoción, al instinto: «Ese hombre sí camina».

La masiva dosis de bolívares inyectada a la campaña, equivalente a 73 millones de dólares de la época[1], se combinaba con que, si bien en 1968 Acción Democrática había perdido la Presidencia de la Repúbli-

---

1 *Resumen* 5: 16-17. En: Caballero, 1987: 96.

ca y Rafael Caldera logró, al fin, llevar a Copei a la tierra prometida de Miraflores, los adecos en lo absoluto habían recibido un golpe capaz de resquebrajar al partido. Continuaron siendo la principal fuerza parlamentaria, comandaban un ejército de empleados públicos y las empresas emblemáticas mantenían el apoyo monetario. Por lo tanto, la reconquista del poder marchaba sobre ruedas.

Lorenzo Fernández, un hombre que lucía acartonado, cansado, lento, que llegó a ser visto por los electores como «un anciano valetudinario, incapaz de andar un metro sin la muleta de sus asesores»[2], y de quien se aseguraba sufría trastornos cardíacos, era el rostro de Copei. Utilizaba como lema «Lorenzo, lo bueno del presente» en momentos en que la inflación aumentaba el costo de los alimentos[3], rehuía debatir con su contrincante y nunca se vio cómodo frente a las cámaras de televisión. El contraste llegó a ser fulminante. Para aquella Venezuela que, fiel a sus preceptos, prefería a quien proyectase la imagen de triunfo, magnetismo, determinación y que había enterrado las discusiones ideológicas, el futuro adquirió la fisonomía de Pérez.

El electorado habló con contundencia el 9 de diciembre de 1973 otorgándole a Carlos Andrés Pérez y Acción Democrática un holgado triunfo que superó en medio millón de votos a Copei, una magnitud aplastante para la época. Aparte de la Presidencia de la República, los adecos pasaban a controlar 28 de un total de 49 senadores y 102 de 203 butacas en la cámara de diputados. El poder, como nunca antes en la historia democrática de Venezuela, se había inclinado decididamente hacia un mismo lado.

MANÁ DEL CIELO

Al mismo tiempo que Carlos Andrés Pérez mostraba su inaudita vitalidad para convencer a los votantes, el Medio Oriente entraba en ebullición y calentaba la geopolítica de una manera que sellaría los años por venir para el futuro presidente. El 6 de octubre de 1973, tres mil tanques

---

2   Véase «1973. ¿El fin del comienzo?». En: Caballero, 1987: 89.

3   Por ser año electoral, el Gobierno aumentó el gasto público y el Banco Central registra que la inflación se aceleró desde 2,9 % en 1972 hasta 5,6 % en 1973.

de los Ejércitos de Egipto y Siria, apoyados por la aviación, atacaron las fuerzas de Israel, cruzando el canal de Suez e invadiendo los Altos del Golán. Tras dos semanas de batalla, los israelíes hicieron retroceder a sus enemigos y, el 22 de octubre, la Organización de las Naciones Unidas logró un alto al fuego que enfrió el combate militar, pero la contienda económica apenas comenzaba.

Los países árabes estaban dispuestos a utilizar el oro negro como arma política frente a Estados Unidos, que apoyaba a Israel, y a Europa, que permaneció neutral. La OPEP recortó la producción y aumentó los precios del barril hasta niveles desconocidos hasta entonces. La nueva administración recibiría su bautismo presidencial en un efervescente clima de riqueza donde los petrodólares amasados por la nación se multiplicaban. En 1974 las exportaciones, representadas en más de 90 % por petróleo, experimentaban un portentoso salto de 141 % y durante el resto del período de gobierno se mantendrían en niveles inimaginables para los presidentes anteriores[4]; de hecho, en los cinco años de mandato de Carlos Andrés Pérez las exportaciones suman 48 449 millones de dólares, es decir, 198 % más que en el lapso 1969-1973.

Desde que en 1922 un gigantesco chorro negro brotó en la costa oriental del Lago de Maracaibo en el campo de La Rosa y esparció 100 000 barriles de petróleo por día, el país más pobre de Suramérica despertó de la pesadilla. Una fuente de riqueza que no tenía que ser producida; simplemente había que extraerla del subsuelo y exportarla para captar una inmensa renta que superaba con creces los costos de succionarla aparecía como un regalo divino. Ciertamente, si alguna noche los harapientos venezolanos de aquella época tuvieron un sueño en el que mágicamente salían de la pobreza, debió ser encontrando petróleo.

Para el momento en que la tierra tembló, en Maracaibo solo había precarias carreteras de tierra; Caracas tenía un solo hotel, dos salas de

4   Las cifras del Banco Central registran que en 1973 las exportaciones se ubican en 4 803 millones de dólares. En 1974, gracias al alza de los precios del petróleo, se sitúan en 11 290 millones de dólares. En 1975 en, 8 982 millones. En 1976, en 9 342 millones y en 1977 suman 9 661 millones. Otra manera de ver la magnitud del *boom* es que, entre 1972 y 1975, el precio promedio de la cesta petrolera venezolana se dispara 419 %, desde 2,10 dólares el barril, hasta 10,90 dólares, mientras que el ingreso fiscal por barril crece 487 % en el mismo lapso. Véase Karl, 1997: 120.

cine; a Higuerote se llegaba por mar y la población total de Venezuela, agobiada por la malaria, el paludismo y las guerras, era de apenas 2 millones 800 000 seres que vivían de exportar café y cacao[5].

Velozmente, el barril impuso su dinámica y desplazó a la producción agrícola y la renta aduanera, a tal punto que, en 1935, ya aportaba la mayoría de los ingresos y Venezuela era el principal exportador de petróleo del mundo. Los gobiernos aprendieron que la manera más expedita de aumentar sus ingresos y solventar los puntos rojos en el presupuesto era arrebatarles ganancias a las empresas extranjeras que explotaban los pozos y, en 1943, bajo el mandato de Isaías Medina Angarita, el Estado gana la posibilidad de uniformar e incrementar el sistema impositivo. Posteriormente, en 1945 se dicta el decreto *fifty-fifty*, o mitad y mitad, con un principio muy claro: las compañías no podían obtener más beneficios que el Estado[6]. En diciembre de 1958, los impuestos que cancelan las transnacionales aumentan de nuevo y, con la creación de la OPEP, en 1960 Venezuela logra reorientar definitivamente el equilibrio de poder: ya no se trata de un pequeño país negociando frente a potentes empresas extranjeras. Ahora forma parte de un conglomerado de naciones que se organizan para modificar por siempre las reglas del juego.

Estos éxitos no fueron a cambio de nada. Entre 1943 y 1945, las multinacionales recibieron permisos para explotar más tierras que en los treinta años anteriores, así como la extensión de las concesiones hasta 1983.

Pero no hay duda: la riqueza petrolera permitió transformar a Venezuela, urbanizarla en tiempo récord, aumentar el nivel de la educación, la salud, que brotara la modernidad y, evidentemente, aquel 12 de marzo de 1974 en que Carlos Andrés Pérez acudía al Congreso de la República para ser juramentado como presidente, existía una sensación de euforia, de grandes cosas por venir. El diario *El Universal* había sorprendido a sus lectores con cuarenta avisos publicitarios de empresas, gremios, asociaciones, uniéndose al «júbilo nacional»; y en la calle se decía insistentemente que «si los adecos no hacen nada con tanto real es porque no quieren»[7].

---

5 Úslar Pietri, 1986: 292.
6 Crazut, 2006: 94.
7 *El Universal* 12-03-1974: 1-10.

El optimismo recibió una bocanada de oxígeno por parte del líder. «El pueblo de Venezuela concurrirá en los cinco años de mi mandato a esta cita sobresaliente con la historia. Reuniremos en nuestras manos todos los instrumentos para decidir nuestro futuro: dependerá de nuestras decisiones. Es la grandeza a que nos convoca el destino» […] «la gran Venezuela es una posibilidad real, está delante de nosotros y vamos a alcanzarla»[8], voceó Pérez de levita, con el índice en alto y un movimiento circular de la cabeza que imprimía mayor énfasis al discurso.

Minutos antes de finalizar, consciente desde entonces de la riqueza que tendría bajo su mando, prometió: «Mi gobierno administrará esta abundancia con criterio de escasez»[9]. Pero los reflejos heredados, los incentivos creados por el flujo de petrodólares, la inmediata recompensa por determinadas políticas, serían más poderosas que las palabras de aquel día.

¿Cuáles son las raíces del Estado que administraría el río de recursos que colmaría las arcas del presupuesto? ¿Cuáles eran las características del sistema político, la economía y la sociedad? Es imprescindible un breve viaje al pasado.

SOBRE LA NADA

Cuando el petróleo irrumpe en la vida de los venezolanos prácticamente no había Estado. Venezuela caminaba dando tumbos en medio de la anarquía. En 1908, catorce años antes del primer gran descubrimiento en el lago de Maracaibo, «el país sigue dividido en multitud de parcelas que no le rinden obediencia al poder central. Todavía reinan los caciques en breves jurisdicciones de autarquía política»[10] y recién en 1913 Juan Vicente Gómez le pide a Román Cárdenas que inicie la organización de las finanzas públicas, bajo la presión de la deuda externa, el apremio por crear un Ejército nacional y la inexistencia de carreteras.

«Debemos empezar a fundar entre nosotros, en el ramo deplorablemente descuidado, arduo y difícil de nuestras finanzas, un cuerpo de

---

8 *El Universal* 13-03-1974: 1-6.
9 Silva, 2000: 671.
10 Pino Iturrieta, 2009: 19.

doctrina administrativa», pedirá Román Cárdenas, ingeniero de oficio que viaja a Londres a adquirir nociones sobre cómo se administran los ingresos, los gastos, la recaudación de impuestos y a cuyo regreso inicia las reformas que sentarán las bases para ordenar las caóticas cuentas del desorganizado gobierno venezolano[11].

Con un ritmo implacable y el vigor proveniente del ingreso petrolero, Juan Vicente Gómez acabará con el desbarajuste, empuñará todas las riendas del territorio y someterá uno a uno a todos sus oponentes. Así surgirá un sistema caracterizado por la concentración del poder en manos del presidente. Si bien el gomecismo coloca la primera piedra de las instituciones, gobierna sin ningún tipo de contrapesos. «... el César poderoso da y quita, sin que medien en su determinación ministros y ministerios, formularios, estadísticas y oficinas de nuevo cuño. Él está más allá del flamante esqueleto de la burocracia, él maneja la aguja maestra que teje la camisa de fuerza cuyo predominio será indiscutible»[12].

Juan Vicente Gómez negociará de manera directa con las compañías petroleras incrementando considerablemente el mando del Estado y relegando al sector privado, representado en los agricultores que hasta entonces soportaban la economía nacional. Por herencia de los conquistadores españoles, el Estado era propietario del subsuelo y bajo sus condiciones otorgaba permisos para explotar las minas; pero, desde 1885, los dueños de la tierra tenían la posibilidad de obtener concesiones y podían subarrendar la propiedad, de tal forma que ha podido surgir un sistema con otro foco de poder, menos desequilibrado, pero no fue así[13].

Entre 1920 y 1929, los ingresos del naciente Estado crecerán vertiginosamente, pavimentando la vía para la supremacía del sector público y el embrión de un sistema clientelar alimentado desde el gobierno. La renta petrolera le da alas a la capacidad para importar con dólares baratos, creando un entorno adverso para el sector agrícola donde la producción inicia un constante descenso hasta convertirse en una actividad subsidiada.

---

11 Quintero, 1985: 599.
12 Pino Iturrieta, 2009: 48.
13 Karl, 1997: 78.

En enero de 1934 sucede un hecho que marca un antes y un después. Estados Unidos devaluó su moneda y, en Venezuela, el precio del dólar descendió desde 5,20 bolívares hasta 3,06 bolívares, algo que implicaba importaciones más baratas y menos ingresos para los exportadores de productos agrícolas. Alberto Adriani resume la coyuntura en sus escritos de la época señalando que «hasta el año pasado el dólar conservó en Venezuela un valor, que hacía todavía mediocremente remunerador el cultivo del café y el cacao. Con el nuevo dólar desvalorizado, o lo que es lo mismo, con el bolívar caro, los precios de nuestros productos de exportación se han hecho irrisorios, no cubren ni siquiera los gastos de beneficios y están arruinando a todos los interesados»[14].

Alberto Adriani propuso que Venezuela devaluara para proteger la agricultura, pero el Gobierno consideró que hacerlo le restaría ingresos porque las trasnacionales petroleras cancelaban una parte de sus gastos en bolívares, como salarios e impuestos; por lo tanto, al no devaluar las obligaba a desembolsar más dólares. El estimado era que, manteniendo las cosas como estaban, la República obtendría ingresos extras por el orden de 14 millones de dólares, una cantidad de dinero que superaba ampliamente lo que podría esperarse tras un incremento a largo plazo de las exportaciones del campo[15]. Prevaleció el incentivo creado por el barril. Gómez no tocó la moneda e intentó oxigenar la agricultura a través de subsidios mediante el Banco Agrícola y Pecuario, pero el descenso de la producción resultó imparable[16].

Ante el ocaso de la agricultura, la élite de productores rápidamente inició su transformación hasta convertirse en una red de comercios, entidades financieras y servicios que distribuían importaciones o dependían principalmente de la demanda que creaba el gasto público alimentado con petrodólares. Simultáneamente, la industria manufacturera comienza a desarrollarse gracias a los recursos disponibles para invertir. El país estaba bajo la órbita del barril. Comenzaba un proceso imparable hacia la dependencia absoluta en la renta del oro negro.

---

14 Adriani, 1937. En: Baptista y Mommer, 1999: 12.

15 Baptista y Mommer, 1999: 12.

16 El aporte del sector agrícola al PIB descendió desde un tercio, a mediados de 1920, hasta la décima parte, en 1950, la menor contribución en Latinoamérica. Karl, 1997: 81.

DOS VISIONES

Tras la muerte de Juan Vicente Gómez surgen las primeras ideas y debates sobre el destino que debe dársele a la fortuna que emana de los campos petroleros. Evidentemente, el Estado venezolano tiene en sus manos la posibilidad de distribuir la renta para mejorar la calidad de vida de la población y, al mismo tiempo, iniciar el desarrollo de la capacidad de producir en el país, del tejido industrial; pero hay distintos enfoques sobre el énfasis que debe tener cada opción. Los trabajadores van a reclamar servicios públicos, salud, educación, mientras que la élite de incipientes empresarios exigirá que la mayoría de los recursos se dirija a la inversión. Esta última propuesta tiene en Arturo Úslar Pietri su principal ideólogo quien, el 14 de julio de 1936, en el Diario *Ahora*, escribe un editorial donde lanza la idea de «sembrar el petróleo», es decir, primordialmente destinar los petrodólares a crear «riqueza agrícola, reproductiva y progresiva».

Aunque la frase seguirá vibrando por largo tiempo hasta convertirse en el mantra que repetirán por décadas gobernantes e intelectuales, encerraba un criterio de exclusión que la convertía en un desafío para una Venezuela que aún no elevaba el tono. «La consigna de sembrar el petróleo fue la proposición hecha por las élites entonces detentadoras del poder: se trataba de aprovechar el control que se tenía del Estado para decidir una política económica que diera preferencia a invertir los recursos de la renta petrolera en la acelerada creación del sector moderno (comercio, banca, ciudades, sustitución de importaciones)», resume Arturo Sosa[17].

Esta visión, asumida por los gobiernos militares que dirigen el país hasta 1945, y entre 1948-1957, que coloca a los empresarios en primer plano y contempla que el pueblo, los trabajadores, se incorporen progresivamente al proyecto a medida que se haya alcanzado la modernidad, choca con el pensamiento de los partidos políticos, que tiene como principal exponente a Rómulo Betancourt, fundador de Acción Democrática. La renta petrolera, esgrime Betancourt, no solo debe impulsar la capacidad de producir; también tiene que atender con decisión las demandas

---

17 Sosa, 1987: 505.

de una población pobre y atrasada. Este será el eje del llamado trienio adeco (1945-1948), tres años en los que el país tiene la rara experiencia de elegir a un presidente, Rómulo Gallegos, y ser gobernado no solo por militares; también por civiles.

«Al asumir el gobierno, encontramos un panorama económico-social angustioso: la mayoría de la población se sentía agobiada por la generalizada pobreza y la dificultad para alimentarse, vestirse, curarse, educarse», explica Rómulo Betancourt, quien asumirá el Ministerio de Relaciones Interiores durante el gobierno de Gallegos, al recordar aquellos días, y señala que doce días después de iniciarse la gestión se prometió públicamente que «los hombres, las mujeres y los niños venezolanos comerán más, se vestirán más barato, pagarán menos alquileres, tendrán mejores servicios públicos»[18].

Pero además deja en claro que, junto a este proyecto de emplear la riqueza para mejorar la calidad de vida de la población, marcha el propósito de «planificar e iniciar el concertado esfuerzo que tuviera por meta un cambio estructural, de fondo, en la economía y en los otros fundamentos básicos de la nación»[19]. Evidentemente se refiere a «sembrar el petróleo».

Hay un aspecto fundamental para los años que están por venir. En este plan que definitivamente resulta triunfador tras el fin de la dictadura de Marcos Pérez Jiménez en 1958, el Estado venezolano adquiere un rostro populista. No solo tiene como propósito «sembrar el petróleo»; también quiere cumplir con la meta de alcanzar la «justicia social» y por ende la propagación del sector público adquirirá velocidad. «El Estado-populista es, sin ambages, un Estado interventor que no puede contentarse con establecer y hacer respetar un marco legal sino que tiene que fomentar una sociedad moderna delineada en el horizonte», explica Arturo Sosa[20].

Rómulo Betancourt justifica sin miramientos la decisión de agrandar la presencia estatal: «no podía cruzarse de brazos el Estado venezolano a esperar que la iniciativa privada desarrollara y diversificara la pro-

---

18 Betancourt, 2001: 322.
19 Betancourt, 2001: 322.
20 Sosa, 1987: 505.

ducción, porque la tendencia a seguir la vía de menor resistencia en un sector apreciable de los capitalistas criollos, los impulsaba a ser caseros y comerciantes antes que agricultores o industriales. Tenía que actuar, en consecuencia, como Estado estimulador, financiador y orientador de las actividades económicas»[21].

Rápidamente se multiplican las empresas del gobierno; nace la Corporación Venezolana de Fomento, un organismo que inyectará petrodólares para la inversión; se adopta el modelo de desarrollo basado en la industrialización y mediante el artículo 73 de la Constitución de 1947 el Estado adquiere la potestad de «reservarse el ejercicio de determinadas industrias, explotaciones o servicios de interés público».

Acción Democrática también avanzó rápidamente en la organización de los trabajadores y los agricultores a fin de ganar lealtad, pero a costa de crear una estructura clientelar. Los sindicatos se multiplican y reciben acceso a créditos, proyectos públicos, servicios de riego, mientras que los líderes sindicales ascienden en la estructura del partido. Las masas se convierten en una base electoral cuyas demandas tendrán que ser satisfechas con petrodólares[22].

Con el derrocamiento de Rómulo Gallegos, en 1948 Venezuela ingresa en el período dictatorial de Marcos Pérez Jiménez. A pesar de que los ingresos se disparan porque los precios del petróleo despegan tras el fin de la Segunda Guerra Mundial y la producción de barriles se duplica, la bonanza no es suficiente para mantener por largo tiempo el gobierno militar, que principalmente se enfoca en la construcción de obras de infraestructura y reduce fuertemente el gasto social.

Así, el 23 de enero de 1958 nace el período democrático, signado por la conciliación de élites. La principal preocupación es asegurar el apoyo de todos los sectores a fin de preservar el nuevo sistema político; por lo tanto, la renta petrolera será el mecanismo para apaciguar los conflictos. La posibilidad de contar con mecanismos para recaudar impuestos de manera efectiva y crear una fuente de recursos alterna no forma parte de las ideas esenciales. Se instaura de manera definitiva una mentalidad rentista

---

21 Betancourt, 2001: 350.
22 Karl, 1997: 110.

donde el Estado, a través del gasto, la entrega de créditos, dólares baratos, subsidios, aumento del empleo en el sector público, protección a la empresa privada, va a evitar enfrentamientos en la sociedad. El norte es un pacto que permita afianzar el proyecto.

Los conflictos sociales van a ser resueltos a través de los mecanismos de participación y representación, en especial la capacidad que adquiere la población de elegir a sus gobernantes y, al mismo tiempo, surge un sistema donde el gobierno, para tomar decisiones fundamentales, consulta a los empresarios a través de Fedecámaras; los trabajadores mediante la Confederación de Trabajadores de Venezuela (CTV); las Fuerzas Armadas mediante el Alto Mando Militar y la Iglesia católica a través de su más alta jerarquía[23].

Debajo de esta estructura florece un tejido de consejos consultivos, comités asesores, comisiones, entes descentralizados, fondos que administran subsidios, donde el Gobierno, los empresarios y los trabajadores alcanzan la concertación sobre determinadas políticas públicas, siempre con la posibilidad que tiene el Estado de enfriar las divergencias con mangueras repletas de petrodólares.

No se plantea disminuir el presidencialismo. El legado de los tiempos de Gómez está en la mente del bebé democrático. De acuerdo con la Constitución de 1961, el presidente de la República nombrará a todos los gobernadores, dictará medidas extraordinarias en materia económica o financiera, gobernará por decreto con la autorización del Congreso, controlará la política exterior, será el comandante en jefe de las Fuerzas Armadas y nombrará a los presidentes de todas las empresas públicas.

Pero a pesar del presidencialismo, Venezuela logró convertirse en un país democrático en momentos en que Latinoamérica estaba gobernada por militares gorilas; y al evaluar el desenvolvimiento de la economía en el largo plazo surgen aciertos innegables. El producto interno bruto (PIB), una medida del ritmo de desarrollo del país, resulta muy positivo. El PIB mide el valor de todos los bienes y servicios producidos en un año; viene a ser la suma de las viviendas, tomates, barriles de petróleo, actividad comercial, transporte, valorados en bolívares a precios de mercado.

---

23 Rey, 1998: 319.

Las estadísticas señalan que, entre 1950 y 1973, Venezuela vivió un gran auge y progresó de manera constante gracias a que el PIB creció a un ritmo de entre 6 % y 7 %. Para tener una idea más precisa de lo que esto significa basta con observar que el milagro alemán que da cuenta del avance que tuvo este país tras el final de la Segunda Guerra Mundial consistió en un crecimiento interanual de entre 4 % y 5 %[24].

La historia de la Venezuela exitosa puede resumirse en que un país pobre y atrasado tiene la fortuna de que el petróleo aparezca en su camino y le llene los bolsillos de recursos. El Estado, que administra todos los petrodólares, decide costear las inversiones que se requieren para crear una base industrial poniendo a disposición de los incipientes empresarios dólares baratos, créditos, muy pocos impuestos y protección de la competencia extranjera. Al mismo tiempo, desarrolla el mercado, mejorando la calidad de vida de la población con subsidios y más empleo, tanto en el Gobierno como en las obras de infraestructura que comienzan a realizarse. Así, la oferta y la demanda marchan en armonía y surge un acelerado proceso de expansión.

No cabe duda: en marzo de 1974, cuando Carlos Andrés Pérez asumió la presidencia, Venezuela era un país en crecimiento, pujante, pero también una nación petrolizada que tenía en su interior el germen de futuros desequilibrios. La economía dependía en extremo de la renta petrolera, un recurso que no tenía que ser producido, solo extraído y repartido por un Estado que expandía su presencia velozmente mientras que empresarios y trabajadores se organizaban para captar recursos. Los gobiernos no se habían preocupado por crear un sistema efectivo de recaudación de impuestos; el Estado daba no pedía y, como contrapartida, tampoco existían ciudadanos organizados que exigieran transparencia en la administración pública.

Como presagio, aquel 12 de marzo de 1974 en el que Carlos Andrés Pérez fue juramentado, en las principales salas de cine de Caracas *La fiesta inolvidable* era la película más vista.

---

24 Escobar. En: Naím, 1999: 76.

EXUBERANCIA PELIGROSA

Cuando el precio del petróleo desafía la ley de la gravedad y la riqueza del país se multiplica, surge una serie de problemas. La abundancia, generada por una renta que no se produce en el país sino que aparece de repente por los altos precios del barril a manera de lotería, trae consigo oportunidades y, también, el peligro de desbordar al tanque de la economía.

En Venezuela la opulencia comienza con el brillo del barril. Las empresas que exportan el petróleo[25] reciben una mayor cantidad de dólares y los venden al Banco Central, que fabrica los bolívares para comprarlos al tipo de cambio oficial. Posteriormente, las compañías petroleras utilizan los bolívares obtenidos para cancelarle al Gobierno una larga lista de impuestos y, así, el Gobierno tiene recursos para gastar en planes de desarrollo, abonar el sueldo a los trabajadores públicos y, en general, cumplir con lo contemplado en el presupuesto de la nación.

Por su parte, el Banco Central deposita los dólares en la cuenta de las reservas internacionales, que, básicamente, es el respaldo de los bolívares en circulación y las divisas que tiene el país para importar y cancelar la deuda en dólares. Si el Gobierno, o una empresa privada, necesitan importar, acuden a las taquillas del Banco Central y compran dólares con sus bolívares[26].

Si el Gobierno, que ahora tiene una chequera portentosa, cae en la tentación de aumentar el gasto en cantidades importantes e inyecta en la economía una dosis de dinero que estimula el consumo, la demanda crece, y más bolívares detrás de una cantidad de productos que no puede agrandarse al mismo ritmo se traduce en presiones inflacionarias, porque las empresas pueden incrementar los precios sin que las ventas desciendan en una cantidad relevante.

El otro efecto indeseado de la riqueza es que, como ingresa un enorme chorro de divisas al Banco Central, es posible mantener fijo el

---

25 A partir de la nacionalización del petróleo será PDVSA. Antes de este paso, hablamos de las multinacionales.

26 Por supuesto, esta es la estructura de 1974, cuando no había control de cambio ni una serie de modificaciones en la unidad del tesoro nacional.

precio del dólar mientras la inflación encarece el resto de los productos. Así, los billetes verdes con la cara de George Washington se tornan baratos. Esto ayuda a importar a bajo costo las máquinas y equipos que se requieren para aumentar la capacidad de producción y los artículos que permiten ampliar la oferta de los comercios, pero, también, dificulta de gran manera la posibilidad de estimular exportaciones distintas al petróleo y, transcurrido el tiempo, constituye un freno para sectores como la agricultura y la industria.

Para quienes desean exportar cosas distintas al petróleo, comienza un ciclo complicado. La inflación se acelera y, por tanto, sus costos en bolívares como salarios y materias primas aumentan. Al mismo tiempo, el dólar permanece al mismo tipo de cambio. Entonces, es necesario incrementar el precio del producto, que va a ser vendido en otros países, para recibir más dólares y así cubrir los costos. El problema es que en el mercado internacional hay muchos proveedores que pueden mantener sus precios bajos con los que ya no es posible competir exitosamente.

A la vez que complica la evolución de las exportaciones distintas al petróleo, el dólar barato hace que se disparen las importaciones y se frena la producción nacional en sectores como la agricultura, a la vez que la economía se torna más dependiente de los precios del barril, que son los que al final proveen las divisas para pagar todo lo que comienza a comprarse en el exterior.

El alza de los precios del petróleo también viene con el riesgo de iniciar un período de inestabilidad en las cuentas públicas. Los Gobiernos piensan que deben actuar rápidamente para alcanzar en poco tiempo un nuevo nivel de desarrollo que disminuya la dependencia en el barril. Aparece la tentación de comenzar gigantescos planes de industrialización que requieren endeudamiento. Así, en un período en el que la pradera de la riqueza del Estado se ensancha, puede plantarse la semilla de futuras crisis en caso de que el barril caiga desde las alturas.

CON SUPERPODERES

El barril había comenzado su escalada durante el último año del gobierno de Rafael Caldera y el aumento del gasto por parte del Ejecutivo ya se había hecho sentir en la inflación que, si bien continuaba siendo baja, se aceleraba a niveles no conocidos en el país al saltar desde 2,9 % en 1972 hasta 5,6 % en 1973.

A los pocos días de comenzar su gestión, Carlos Andrés Pérez utilizó la coyuntura, signada por el peligro de inflación y la necesidad de reformas que permitieran administrar los recursos que copiosamente ingresaban a las arcas del Estado, para ganar más poder. Tras seis semanas en Miraflores, el nuevo presidente sentía la necesidad de tener las manos libres para emitir decretos sin la aprobación del Congreso, sin debates ni explicaciones. Para ello, no tenía más que solicitar una Ley Habilitante que le concediese esta facultad, cosa que no dudó en hacer, argumentando que para «conjurar inminentes problemas económicos y financieros, para afrontar las anormales circunstancias en que se desenvuelve la vida económica del país, no puede el Gobierno desarrollar planes con eficacia y eficiencia por los causes normales de la administración ni tampoco con el Congreso Nacional, por la vía ordinaria de la legislación»[27].

Copei, el principal partido de oposición, trató de poner límites y precisiones a la solicitud argumentando que no podía entregarse un cheque en blanco, que no era conveniente que el presidente pudiese «reformar todo el ordenamiento jurídico», pero no contaba con suficientes votos para bloquear la iniciativa. El 30 de mayo de 1974, Carlos Andrés Pérez recibió la autorización del Congreso para «dictar medidas extraordinarias en materia económica y financiera».

El gobierno había quedado libre para actuar porque no solo podía esquivar a la oposición; también tenía la facultad de dejar de lado a su propio partido, que lo hubiese obligado a explicar y negociar el apoyo a decretos y leyes en el Congreso[28]. El Ejecutivo podía convertirse en un caballo desbocado sin ningún tipo de freno al momento de poner en marcha una gran cantidad de planes e iniciativas.

Más allá de la necesidad de realizar algunas reformas para manejar la abundancia, estaba el hecho de que el salto de los precios del petróleo le imprimió desde el primer día al nuevo gobierno un ritmo vertiginoso.

---

27 Pérez, 1977 I: 78.
28 Karl, 1997: 130.

Existía una fe inquebrantable en que el futuro podía adelantar sus tiempos, llegar más rápido y así edificar en pocos años la «Gran Venezuela». Para eso estaba el dinero, pero hacían falta poderes para acelerar el paso, avanzar, correr, no sujetarse al reloj tradicional.

El presidente no ocultaba su convencimiento de transitar por un período excepcional, una especie de oportunidad única, afirmando que «no podemos perder más tiempo, Venezuela vive un momento emergente. En estos años vamos a decidir no solo el futuro, no solo la verdad del desarrollo económico de nuestro país, sino que vamos a decidir también la suerte de nuestro sistema democrático»[29].

Durante los primeros cien días de Gobierno, Pérez cayó en un ritmo frenético y publicó 193 decretos, prácticamente dos al día, que abarcaron cualquier cantidad de objetivos pero, lo más importante, crearon las bases para la estrategia con la que buscaría alcanzar el gran salto. Por un lado, un ambicioso plan de inversiones para acelerar el proceso de sustitución de importaciones y, al mismo tiempo, mejoras en la calidad de vida de la población a través de controles y creación de empleos.

Los decretos dieron vida al Fondo de Inversiones de Venezuela, una alcancía donde se depositaría la mitad del ingreso proveniente del petróleo y el gas, a fin de contar con dinero suficiente para las inversiones; otro fondo para estimular al sector agropecuario y uno más para impulsar a la industria privada[30]. Aparte de los recursos, los empresarios del campo recibirían exenciones en el pago de impuestos y una ley para eliminar las deudas del pasado. A fin de abrir con más determinación las puertas del financiamiento, la banca obtuvo autorización para otorgar préstamos a veinte años de plazo y el techo para el total de créditos aumentó desde 10 % del capital hasta 25 %.

Al momento de justificar la creación del Fondo de Inversiones de Venezuela durante el discurso pronunciado en el Congreso el 29 de mayo de 1974, Carlos Andrés Pérez confió en que había encontrado una fórmula singular, capaz de evitar «la experiencia dolorosa del despilfarro de los recursos petroleros, para aplicarlos con prudente audacia en planes de desarrollo,

---

29 Discurso pronunciado el 29 de abril de 1974 frente a los industriales del país. En Pérez, 1977 I: 76.
30 El fondo para la agricultura y el fondo para la industria nacieron con aportes, a cada uno, de 2 000 millones de bolívares.

sustrayéndolos al propio tiempo del voraz crecimiento del gasto ordinario [...] para aplicarlos en la expansión y diversificación de la producción nacional. Para sembrar el petróleo. ¡Ahora sí! Y para realizar colocaciones rentables en el exterior y propiciar programas de cooperación internacional».

Los empresarios obtenían una cuota nada despreciable en la administración de la renta; el presidente los llamaba a integrar la directiva de los grandes fondos a través de sus gremios principales, Fedeagro, Conindustria y Fedecámaras.

> En el fondo agropecuario estará presente Fedeagro y en el industrial el Consejo Nacional de la Industria. Por otra parte en el Fondo de Inversiones de Venezuela, el de mayor trascendencia y contenido y que se proyectará con audacia pero con firme seguridad de planes bien estudiados también habrá una representación de Fedecámaras porque tenemos que compartir la responsabilidad. Yo no delego ni delegaré las mías, porque me las entrega la Constitución porque son el mandato que me entregó el pueblo pero sí fortaleceré la consulta y el diálogo permanente con todos los sectores de la colectividad venezolana[31].

Los trabajadores recibían una batería de iniciativas que buscaban frenar la aceleración de la inflación, mejorar la capacidad de compra y ampliar la base clientelar. Control de precios en alimentos, medicinas y en el costo de hospitalización y quirófano en las clínicas; reducción en las tarifas de servicios públicos a sectores de menores ingresos, aumento de salarios, inamovilidad laboral por ochenta días, concesión de vehículos públicos de alquiler y créditos a conductores de bajos ingresos. Para crear puestos de trabajo que beneficiaran a la población menos preparada, Pérez utilizó una medida creativa: «obligar a los propietarios de bares, restaurantes y otros servicios públicos a mantener mínima condiciones de aseo en sus dependencias sanitarias para ayudar a la mano de obra no calificada», mientras que los «edificios destinados a usos comerciales, industriales y servicios» tenían que contar con ascensoristas.

---

31 Discurso pronunciado frente a los industriales 29 de abril de 1974. Además, Pérez precisó ese día, en el mensaje especial presentado al Congreso, que el Estado entregaba cada año a la empresa privada créditos por más de 2 000 500 millones de bolívares, además de exenciones, desgravámenes fiscales. Pérez, 1977 I: 71, 87.

Para reforzar la regulación de precios surgía la Ley de Protección al Consumidor y acciones para impulsar la organización de los sectores populares. «En el control de precios jugarán un papel determinante las juntas de consumidores locales que se constituirán con vecinos del barrio y con el apoyo del gobierno para proteger la dieta popular de los brotes de especulación», advertía el presidente[32].

El ritmo vertiginoso asumido por el Gobierno borraba en la práctica el propósito de mantener el control sobre el carro de la economía. En poco tiempo, las palabras pronunciadas en el Congreso señalando que «la sociedad de consumo no puede ser nuestra sociedad. Tenemos que ser primero una sociedad de productores. El derroche no puede seguir siendo el hábito predominante en el modo de vivir de los venezolanos», quedarían como un recuerdo vago, así como la observación de que

> ... es cierto que hoy nos rodea la abundancia, la cual puede ser más peligrosa que la escasez. El hombre a través de la historia ha acumulado más experiencia en el manejo de la dificultad, que en aprovechamiento de la abundancia. La riqueza por sí misma es un reto en su manejo y distribución para la democracia. La sociedad venezolana tiene que entenderlo así, crear propósito sincero de modernización, disciplina, autoridad y hábitos de ahorro[33].

RÁPIDO Y GRANDE

El programa para acelerar el camino al desarrollo mantuvo la idea de que Venezuela debía concentrarse en empresas que procesaran recursos minerales como hierro, acero, aluminio, capaces de proveer materias primas para la sustitución de importaciones, aprovechando la capacidad para obtener energía barata y la cercanía geográfica con Estados Unidos, principal mercado internacional pero, en grandes dimensiones. Gumersindo Rodríguez, quien se encontraba al frente de la Oficina Central de Coordinación y Planificación (Cordiplan), resumiría que «la Gran Venezuela no es sino un concepto de escala. No era un proyecto radi-

---

32 Discurso pronunciado el 29 de abril al solicitar la Ley Habilitante en el Congreso. Pérez, 1977 I: 88.
33 Ibídem: 94.

cal, no era ni una utopía populista ni una utopía socialista, sino un programa muy práctico de inversiones básicas que rebasaba con creces la escala de las inversiones básicas precedentes, y que procuraba integrarlas articuladamente»[34].

La magnitud de los proyectos y el monto de lo que el Estado inyectaría no fue del todo revelado hasta que se publicó el V Plan de la Nación 1976-1980, que serviría como hoja de ruta hacia el progreso. La industria del hierro, que Pérez había nacionalizado a través de uno de los primeros decretos de gobierno por considerar que «se dan condiciones excepcionales para que Venezuela asuma el control integral de su materia prima», era el punto de partida para ampliar velozmente la producción de acero en Guayana, concretamente en la Planta Siderúrgica del Orinoco (Sidor) y en el Zulia. Además, en cinco años, Venezuela debía convertirse en el noveno fabricante de aluminio en el mundo tras las inversiones previstas en la Planta de Aluminio del Caroní (Alcasa) y la instalación de Venalum.

Hay más. Como se preveía un alza constante de la demanda de energía en torno a 17,6% cada año, comenzaría una importante amplificación de la capacidad hidroeléctrica en la represa del Guri[35]. En menor dimensión, las inversiones también contemplaban carbón, cemento, pulpa de papel e industria naval.

El proyecto de industrias básicas marchaba junto a la nacionalización de la industria petrolera, un paso que el gobierno consideró inaplazable por razones de soberanía y supervivencia. Como las concesiones se vencían en 1983 y las multinacionales sabían perfectamente que no serían renovadas, redujeron la exploración a niveles ínfimos, impactando negativamente la capacidad de producción y el monto de las reservas

---

34 Blanco Muñoz, 1989: 421.

35 La capacidad de producción de Sidor debía aumentar desde 1,2 hasta 4,7 toneladas de acero al año y en el Zulia, donde se iniciaba la construcción de las plantas, debía alcanzarse en 1982 un millón de toneladas anuales de productos para elaborar cabillas, alambrón, entre otros. En Acero Alcasa pasaría de producir 54 000 toneladas métricas anuales a 124 000 toneladas métricas y Venalum aportaría otras 280 000 toneladas anuales. Para 1978 debía estar culminada la primera etapa del Guri instalando las unidades 7 a 10 con una capacidad de 400 MW cada una para alcanzar una capacidad instalada de 2 000 435 MW en el complejo Macagua-Guri.

probadas. «Las compañías petroleras, al saber que no se renovarían las concesiones, dejaron de invertir. Esto no podía continuar. De lo contrario nos dejarían la industria en ruinas. Por eso, era imprescindible la nacionalización», admitiría Carlos Andrés Pérez años después[36].

Concretada la nacionalización, el gobierno se dispuso a recuperar la inversión en el sector petrolero, sobre todo, en exploración y emprendió el inicio de las evaluaciones en la Faja Petrolífera del Orinoco, donde dormía la mayor reserva de crudo no convencional del planeta. En total el V Plan de la Nación estipuló inversiones públicas por el orden de 118 000 millones de bolívares, unos 27 000 400 millones de dólares de la época y 22,3 % iría al petróleo, 19,3 % a las empresas básicas y 15 % a la expansión de la capacidad hidroeléctrica.

Todo conducía a un vertiginoso agigantamiento del Estado que, soportado en los altos precios del petróleo y en la decisión de actuar con velocidad desembolsaría, de acuerdo con lo programado, 5,1 de cada 10 bolívares destinados a la inversión, *versus* 2,3 en el período 1970-1974[37]. El plan consideraba que este era un camino inevitable asegurando que «la realidad histórica del país asigna al Estado una influencia sin precedentes, como fuerza rectora de la economía y de la sociedad venezolana».

Como el proyecto no se desviaba del camino asumido en el pasado, salvo en la escala, la propuesta para colocar los petrodólares fue asumida como la única posible y no hubo mayor debate sobre si existía el recurso humano para aumentar la producción industrial en poco tiempo. No existían voces que plantearan con seriedad el riesgo de desequilibrio en el rompecabezas macroeconómico por la magnitud de las inversiones y el gasto; nada se hablaba sobre la capacidad del sector público para gerenciar; tampoco estaba en consideración si el mercado interno crecería según lo esperado para absorber la capacidad de producción que estaba por instalarse. La combinación de popularidad y concentración de poder convertía las ideas de Carlos Andrés Pérez en propósitos.

---

36 Peña, 1979: 73.
37 Al descontar la inflación, la inversión pública, en total, contemplada por el V Plan de la Nación representa un aumento real de 168 % respecto al IV Plan. En el sector manufacturero, que incluye las empresas básicas, el incremento real es de 303 %. Purroy, 1982: 282.

Solo la voz de Juan Pablo Pérez Alfonzo, prácticamente imperceptible en medio de la bonanza, advertía que «para acelerar el crecimiento general de un país en el sentido en que se conoce –si es que tal objetivo fuera realmente deseable– se requiere mucho más que dinero caído del cielo, son imprescindibles otros variados factores. Estos otros factores no se venden en los mercados ni se improvisan de la noche a la mañana». Agregaba que al considerar el presupuesto de 1974 triplicaba al de 1969 e «independientemente del gobierno de que se trate, es evidente que ni las instituciones públicas, ni los instrumentos del Estado pueden ser capaces de ajustarse a semejante desbordamiento. Existen, pues, fundadas razones de angustia y alarma»[38].

Gumersindo Rodríguez defendería la gran dimensión de los proyectos afirmando que «deben procurarse escalas óptimas de producción como elemento técnico importante, que obliga a adoptar proyectos de gran magnitud, porque hacerlos a una escala menor sería obviamente antieconómico […] la instalación de plantas subdimensionadas no ofrece ventajas, ni siquiera en cuanto a la utilización de menores recursos, sino que, más bien lleva a la ineficiencia y la sobreinversión en el largo plazo»[39].

Además, el ministro de Planificación consideraba que el país ya no era pequeño. Lo existente pronto sería poco incluso para abastecer al mercado nacional, es decir, lo que estaba por producirse sería absorbido por una Venezuela pujante destinada a crecer de forma indetenible. «Es preciso señalar que la dimensión económica del país ha cambiado en tales proporciones en los últimos años, que las perspectivas indican que, por sí solo, el nuestro constituye un mercado lo suficientemente amplio como para justificar el costo de estos grandes proyectos»[40].

Sobre las limitaciones que podrían enfrentarse por la escasez de recurso humano capacitado, Gumersindo Rodríguez creía que era algo por resolverse sobre la marcha. Ante la interrogante de ¿por qué se acometen estos proyectos sin disponer de la mano de obra debidamente preparada?, diría que

---

38 Pérez Alfonzo, 2011: 140.
39 Gumersindo Rodríguez, 1981: 517.
40 Ibídem: 517.

la mejor forma de enfrentar este problema es, precisamente, instalando y utilizando estas unidades físicas como una vía para el aprendizaje […] Formar recursos humanos para retenerlos a la espera de proyectos futuros que los utilicen podría ser un mal negocio para el Estado y para el individuo. Podría ser una creación de riqueza humana que permanecería por largo tiempo ociosa o que nos sería capturada por otros países más audaces en la promoción del desarrollo. Es más sabio aprender haciendo[41].

LA REPARTICIÓN

El esquema de distribución de la renta petrolera no iba a sufrir reformas a pesar de la gigantesca expansión de las empresas del Estado. Es cierto, las arcas desembolsaban toneladas de bolívares y dólares para construir el emporio industrial que sería manejado por el Gobierno, pero también había convicción de que a través de «estímulos» podía alentarse exitosamente el desarrollo del sector privado y, además, repeler la inflación, en vista de que los empresarios, así esperaba el Gobierno, frenarían los aumentos de precios en vista de los alicientes obtenidos.

Aún existía fe en que una nueva peregrinación al templo cepalino podía producir milagros, convicción de que los libros antiguos tenían la verdad y había que insistir en las oraciones aprendidas en el antiguo testamento que por décadas marcó el camino hacia la industrialización. Al igual que el resto de Suramérica, durante los años cincuenta Venezuela creyó firmemente en la biblia que la Comisión Económica para América Latina (Cepal) redactó para la región. La teoría, impartida a manera de iluminación, consistía en que cada vez el ingreso obtenido con las exportaciones de materias primas compraba menos productos elaborados por los países desarrollados y el camino a seguir tenía que ser construir una industria propia capaz de sustituir importaciones. ¿Cómo hacerlo? En el caso de Venezuela, vendiéndoles dólares baratos a los nacientes empresarios a fin de que pudieran adquirir a bajo costo maquinarias y equipos, inyectándoles créditos a bajas tasas, cobrándoles muy pocos impuestos y protegiéndolos de la competencia internacional.

---

41 Ibídem: 523.

Bajo estos principios emerge una industria que principalmente se dedica al ensamblaje para aprovechar la copiosa fuente de divisas que permitía importar sin restricciones y, al mismo tiempo, aprovechar la ventaja de contar con un mercado exclusivo alrededor del cual existía una barrera para evitar la entrada de competidores extranjeros. Otro sello característico es que las empresas van a vincularse estrechamente con el exterior, donde compran todo lo necesario para edificar las plantas, pero mantendrán muy poca relación entre sí. No surge un intercambio de productos entre los distintos compartimientos de la industria. Además, los equipos, la tecnología que adquieren son exactamente iguales a los que satisfacen el patrón de consumo del exterior, pero como la economía venezolana no tiene la misma estructura, los costos de producción tienden a ser altos, surge un exceso de capacidad porque no hay exportaciones y la productividad, es decir, la capacidad para lograr que los trabajadores y la inversión en equipos produzcan más, adquiere una tendencia al estancamiento. Finalmente, los dólares baratos hacen que no haya interés ni posibilidades de exportar[42].

Durante los años cincuenta y sesenta, los desperfectos del modelo aún no ejercen un impacto importante. En esta etapa la industria nacional desplaza una porción de las importaciones. Pero a principios de los años setenta ya era evidente que la expansión requería una importante cantidad de máquinas y equipos que no se habían logrado producir en Venezuela y, como resultado, el ritmo de crecimiento necesitaba un constante incremento de las importaciones, mientras que la productividad ya mostraba claros síntomas de enfriamiento. Las radiografías practicadas al cuerpo de la economía revelan que, entre 1970-1973, el sector no petrolero había perdido impulso y crecía menos que en los diez años anteriores a pesar de que los precios del barril se comportaban bastante bien, al igual que la inversión y el consumo. Las señales de que el modelo de sustitución de importaciones entraba en una fase de agotamiento eran claras[43].

---

42 Ver Purroy, 1982.

43 Ricardo Hausmann y Gustavo Márquez en su ensayo *La crisis económica de Venezuela* precisan que «el período 1970-1973 muestra claramente el agotamiento del régimen de acumulación en vigor. A pesar de fuertes aumentos en el precio del petróleo, de incrementos sustanciales en la tasa de inversión y de una aceleración en el incremento del consumo del Gobierno, la tasa de crecimiento del PIB no petrolero (5,4%) se mantuvo por debajo del promedio 1960-1969 (6,8%), el cual fue un período de tendencias desfavorables en el sector externo».

Esta realidad no es tomada en cuenta por el equipo económico; no surge la discusión sobre si es posible continuar bajo el mismo
patrón; simplemente se insistirá en nuevos incentivos para la sustitución de importaciones sin plazos ni metas concretas de producción por
parte del sector privado; tampoco entra en consideración la necesidad
de escoger con detenimiento los proyectos que necesitan apoyo. Así, los
empresarios recibirían, como había sido usual desde el establecimiento
del petro-Estado, una porción de la renta petrolera.

Las cifras correspondientes a 1974 hablan claramente. Ese año las
empresas privadas cancelaron en impuesto sobre la renta 1 425 millones
de bolívares, pero a la vez dejaron de pagar tributos en aduanas por el
orden de 1 760 millones gracias a las exenciones y, además, las entidades
financieras del Estado les otorgaron 3 000 millones de bolívares en créditos a cómodos plazos y bajas tasas de interés[44].

La entrega de recursos al sector industrial privado no se detuvo en
1974. El 10 de julio de 1977, ante las críticas de parte del sector privado
por el mantenimiento de los controles de precios, Carlos Andrés Pérez
recordó el acuerdo tácito que existía, en el sentido de que el gobierno,
aparte de considerar que estaba impulsando a la industria, sentía que la
entrega de recursos permitía frenar la inflación. «Cuando se habla de
los precios y se critica la política de precios del Gobierno, de la conten-
ción de los precios, no se hace justicia señalando los sacrificios que está
haciendo el Estado venezolano para bajar los costos de producción y de
esta manera contener los precios»[45], dijo el presidente a los empresarios.

Las cucharadas de recursos suministradas a los empresarios resultan
cuantiosas. Los datos que precisan una parte de las transferencias realizadas al sector privado durante los cinco años del Gobierno registran
que, entre 1974 y 1978, las exoneraciones otorgadas a la industria, avales
aprobados y subsidios suman 36 000 365 millones de bolívares, es decir,
el equivalente a 8 000 456 millones de dólares de la época[46].

---

44 Cifras citadas por Carlos Andrés Pérez en el discurso pronunciado en la Asamblea Anual de Fedecámaras
de 1974. En Malavé, 1987: 345.
45 10 de julio de 1977. Asamblea Anual de Fedecámaras. En Malavé, 1987: 343.
46 Ministerio de Hacienda: *Memoria 1978*. En Malavé, 1987: 351.

Los agricultores no quedaron fuera del reparto. El Gobierno creó un fondo especial que les entregó un generoso volumen de créditos a muy bajas tasas de interés y obligó a las entidades financieras a destinar al área agrícola 20 % del total de préstamos con deficientes mecanismos de seguimiento a los recursos[47]. El Banco Central alertó muy sigilosamente sobre la posibilidad de que el financiamiento al agro estuviese siendo utilizado para otros fines, señalando en 1976 que «el uso de esos créditos debe ser objeto de supervisión para verificar que se utilicen estrictamente en los renglones para los cuales fueron concedidos»; y en 1977 aseguraría que había desfases al contrastar el desembolso de créditos y las inversiones en el campo[48].

Incrementar el gasto del Estado y a la vez cobrar muy pocos impuestos a los empresarios, así como desembolsar cuantiosos estímulos en créditos blandos, tiene como consecuencia que aumenta la dependencia en el volátil ingreso petrolero, mas este tema no era motivo de preocupación. La posibilidad de crear una estructura que exigiera el pago de tributos al sector privado no entraba en los planes. El Estado estaba para inyectar recursos, no para exigirlos.

EL MOTOR ENCENDIDO

El plan, que en esencia mantenía la estructura del pasado pero a mayor escala y a tiempos muy acelerados, mostraría sus efectos desde el primer día. En 1974 el precio del petróleo, impulsado por la guerra desatada en el Medio Oriente, perforó todos los techos previstos hasta entonces. Para asombro de Estados Unidos y Europa, comenzaba una masiva transferencia de riqueza desde sus economías, adictas al crudo, hacia los países bendecidos por el oro negro, donde las cajas registradoras vibraban incesantemente con el ingreso de petrodólares. El barril venezolano despegó, desde 3,56 dólares en 1973, y se triplicó, alcanzando el sorprendente

---

47 Maza Zavala precisa que «los recursos gubernamentales destinados al sector agrícola han crecido de manera vertiginosa a partir de 1973, llegando a alcanzar en la actualidad [1976] cifras equivalentes a lo que fue la totalidad del presupuesto nacional a finales de la década del 60». Maza Zavala, 1977: 155.

48 Informes económicos correspondientes a 1976 y 1977 del Banco Central de Venezuela.

valor de 10,31 dólares y, posteriormente, en los cuatro años siguientes, se mantendría a esa altura, con pequeñas oscilaciones, dando inicio a un ciclo de expansión que agigantaría las dimensiones de todos los indicadores[49].

La renta petrolera entró en acción, comportándose como una manguera que rebosó en breve el tanque del ingreso. El proceso de enriquecimiento vertiginoso que ocurre en Venezuela cuando el barril recibe alas puede resumirse en que las transnacionales exportan el crudo[50] y ganan abultadas pacas de petrodólares que venden al Banco Central que, para comprarlos al tipo de cambio oficial, imprime los bolívares. Posteriormente las empresas, con estos bolívares, cancelan impuestos al Gobierno y así, en muy poco tiempo, la administración de Carlos Andrés Pérez dispuso de una chequera portentosa.

Rápidamente, el gasto comenzó a fluir copiosamente bajo el convencimiento de que había llegado la hora de conquistar el desarrollo y de que el brillo del barril retaría la ley de la gravedad por largo tiempo, así que los desembolsos del Gobierno entre 1974-1977 crecen al imponente ritmo interanual de 30 %[51] inyectando dinero en grandes cantidades. Pero esto no es todo. Las autoridades, a fin de ampliar el efecto expansivo, permitieron que los bancos captaran más depósitos sin incrementar el capital; por lo tanto, las entidades financieras tenían más efectivo y abrían de par en par las puertas del crédito[52].

Como era previsible, la combinación de un Gobierno que suministra generosas cucharadas de gasto y una banca que presta en grandes cantidades multiplicó el dinero que transita por las distintas tuberías de la economía. Así, al incluir el efectivo y los depósitos en la banca, la liquidez aumentó a un promedio gigante de 31,4 % que dio pie a una bonanza acompañada por más empleo, mayor capacidad de compra por los incrementos de salario y, no podía ser de otra forma, alza del consumo[53].

---

49 El crudo venezolano se ubicó en 3,56 dólares promedio en 1973. En 1974 saltó hasta 10,31; en 1975 hasta 10,99; en 1976 hasta 11,15; en 1977 hasta 12,31 y en 1978 retrocedió levemente hasta 11,96 dólares.

50 Hasta 1976 se trata de las transnacionales; luego de la nacionalización, será PDVSA.

51 Palma, 1989: 160. Se refiere al gasto público consolidado.

52 La relación entre depósitos y capital se incrementó desde 8 % hasta 20 %.

53 Palma precisa que el consumo del sector privado mostró una tasa de crecimiento interanual entre 1974-1977 de 12 % en términos reales, es decir, después de ajustar la inflación.

El crecimiento de la demanda coincidió con empresas que tenían máquinas sin utilizar a la espera de un alza en el número de pedidos y sectores que podían responder en breve. Por ende, la producción aumentó a paso firme y el área no petrolera de la economía, liderada por la construcción, manufactura, servicios como transporte, comercio y en menor grado la agricultura, experimentó una expansión promedio de 9,6% durante los tres primeros años de gobierno[54].

En este entorno los empresarios decidieron, a partir de 1975, que había llegado el momento de utilizar el crédito a bajas tasas de interés, que fluía abundantemente desde la banca, y combinarlo con los instrumentos creados por el Estado para invertir y ampliar la capacidad de las fábricas, a fin de aprovechar el agrandamiento de la demanda, que debería mantenerse por muchos años si el futuro realmente era lo que parecía[55].

Si bien el carro de la economía viajaba a gran velocidad y aparentemente no había obstáculos en la vía, muy pronto el tablero emitió señales de alarma. La sincronización de las finanzas públicas comenzó a extraviarse en 1976 cuando se multiplicaron los desembolsos para los proyectos contemplados en el V Plan de la Nación y en 1977 el gasto superó al ingreso, arrojando un importante déficit equivalente a 8,7% del PIB que claramente indicaba que había piezas sueltas en la maquinaria[56].

A pesar de que la producción respondió adecuadamente y creció de manera apreciable, el aumento de la demanda, estimulada por el gasto del Gobierno y el crédito, fue muy superior, generando un desequilibrio ideal para el surgimiento de la inflación, porque las empresas podían encarecer los productos sin sufrir descensos relevantes en las ventas. Para enfrentar el desajuste, el Gobierno desembolsó subsidios, controló el valor de artículos básicos, como alimentos, y recurrió a un alza de las importaciones que ayudó a expandir la oferta pero no corrigió el problema del todo. Para aquel momento en Estados Unidos, de donde provenía la mayor propor-

---

54 Palma, apoyado en cifras del Banco Central, indica que entre 1974-1977 la construcción creció a una tasa promedio de 15%, manufactura 9,3%, servicios 9,1% y agricultura 4,2%.

55 En 1974 la inversión del sector privado aumentó solamente 2%, pero en 1975 registró un salto de 21%, en 1976 de 16% y en 1977 de 33%.

56 Palma, 1989: 14.

ción de las importaciones, el aumento en el valor del petróleo disparaba los costos del combustible y sus empresarios no tenían más opción que realizar incrementos de precios que repercutían en los supermercados y abastos de Caracas.

Al mismo tiempo, la expansión de la producción necesitaba de mano de obra calificada, que no existía en las cantidades requeridas; por lo tanto, la escasez de trabajadores presionaba al alza el nivel de los salarios, elevando los costos de las empresas. Además, antes de lo esperado, la industria perdió empuje y dejó de crecer a grandes tasas, básicamente porque sectores clave alcanzaron el tope de capacidad, baja productividad, escasez de insumos y fallas en el servicio eléctrico, que no estaba preparado para el acrecentamiento de la demanda.

El Banco Central admite en su informe correspondiente a 1977 que la manufactura desaceleró notablemente el crecimiento, con un avance de 4 % *versus* 11,9 % en 1976, porque «gran parte de la industria ha venido trabajando a niveles muy cercanos a la plena capacidad en los últimos años, de modo que para expandir significativamente su producción se requieren ampliaciones o construcción de nuevas plantas; muchas de las cuales están en proceso de ejecución, pero aún no han sido concluidas». Inmediatamente agrega a la lista de inconvenientes «escasez de mano de obra especializada, conjuntamente con otros problemas vinculados a la situación de pleno empleo como son la alta rotación de personal y el ausentismo laboral».

Las fallas de gerencia en las empresas del Estado arrojaban resultados desalentadores, sumando nuevos escollos para el desenvolvimiento de la manufactura. El Banco Central registra que «la industria pesada básica en poder del Estado experimentó reducciones: Sidor (la principal siderúrgica del país) bajó su producción de acero en 10,1 % por haber confrontado problemas técnicos, alta rotación de personal y tropiezos vinculados con la capacidad existente»[57].

En este entorno no hubo más salida que tratar de enfriar el motor de la economía disminuyendo el combustible, es decir, el crédito. Para hacerlo, en julio de 1977 las autoridades obligaron a los bancos a man-

---

57 Banco Central de Venezuela. *Informe económico 1977*: 15.

tener en reserva, sin poder prestar, una mayor porción de los depósitos que recibían de los organismos públicos, así como de las colocaciones que obtenían en moneda extranjera[58].

Pero la economía comenzaba a parecerse a un recipiente con seis orificios que deben ser tapados con una mano: cuando se cerraba uno, se abría otro problema. La restricción de créditos comenzó a golpear a las empresas y las autoridades tuvieron que ablandar las restricciones. El Banco Central confiesa que se vivió «una etapa de recesión crediticia que abarca todo el tercer trimestre del año y se manifiesta por una disminución en el ritmo expansivo de las colocaciones e inversiones del sistema bancario. Esto obligó a suavizar las medidas en octubre», básicamente, permitiendo que se otorgaran préstamos con mayor libertad con depósitos provenientes de una serie de instituciones del Estado[59].

En este contexto de limitaciones en el lado de la oferta nacional, pero de alza de las importaciones para complementarla y dispositivos para disminuir el crédito a partir del segundo semestre de 1977, ¿qué ocurrió al final con la inflación durante los tres primeros años de gobierno? Que fue mayor y rompió con la tradición de mínimos incrementos de precios que habían disfrutado los venezolanos durante años, pero tampoco alcanzó niveles estrambóticos. Entre 1960 y 1972, la inflación promedio no superó 2 % y en 1974 se disparó hasta 11 %. En los tres años siguientes fluctuó entre un mínimo de 6,9 % y un máximo de 8 %.

La muestra más evidente de que la economía había adquirido un ritmo que comenzaba a salirse del control de las autoridades provenía del acelerado aumento de las importaciones. Las inversiones, tanto públicas como privadas, requerían máquinas y equipos que solo podían adquirirse en Estados Unidos o Europa. Además, las empresas necesitaban una cantidad apreciable de materias primas e insumos para elaborar sus productos en el país y, por último, el apetito del consumo requería una

---

58 Se creó un encaje adicional de hasta 75 % «sobre los depósitos de cualquier naturaleza efectuados por la República y otros entes públicos, porcentaje este que sería alcanzable de manera progresiva en el caso de los depósitos a la vista y de ahorro, mientras que para los depósitos a plazo se aplicaría en su totalidad». Ibídem: 37.

59 Además se disminuyó el encaje adicional hasta 65 % y se difirió para febrero de 1978 el aumento hasta 75 %. Ibídem: 37.

enorme variedad de artículos que exhibían las vidrieras de los nuevos y
modernos centros comerciales.

Para cancelar las importaciones se precisan dólares y prácticamente
la única fuente de divisas que existía era el petróleo que, es cierto, gracias al
incremento en el precio del barril engordaba la chequera, pero muy pronto surgió el desequilibrio. En 1973, las importaciones representaron 2 626
millones de dólares y entre 1974-1977 registrarían un alza constante hasta
situarse en 10 194 millones de dólares, es decir, un salto de 288 %. El resultado es que en 1977, por primera vez en cincuenta años, el monto de las
importaciones superó el ingreso proveniente de las exportaciones en 678
millones de dólares[60].

Hay más. Los petrodólares no solo constituían la alcancía para
importar; también eran las divisas que adquiría a bajo costo la clase
media para viajar al exterior y las que enviaban a Colombia, Ecuador y
Perú el ejército de inmigrantes que había llegado al país para trabajar en
la construcción. La consecuencia del incremento a velocidad de rayo en
la demanda de billetes verdes es que en 1977 las importaciones, remesas, viajes y el resto de servicios contratados fuera del país superaron en
3 179 millones de dólares el ingreso por exportaciones. Al igual que en
las finanzas públicas, irrumpía un déficit que sería cubierto a través del
endeudamiento.

En el fondo, el origen del temblor provenía de los proyectos de
inversión. Los planes para convertir a Guayana en un emporio industrial con florecientes empresas de aluminio, hierro, plantas hidroeléc-
tricas, necesitaban una suma de dinero que convertía en enano al *boom*
petrolero. Por lo tanto, el Gobierno decidió endeudarse, convencido de
que el barril continuaría ganando valor en el futuro y, mientras tanto,
lo más aconsejable era financiarse barato, aprovechar las tasas de interés bajas que ofrecían las grandes torres financieras de Estados Unidos,
deseosas de prestar los petrodólares que los países árabes les depositaban
en grandes cantidades.

Al mismo tiempo, la deuda permitía dejar de lado la necesidad de
una reforma fiscal que elevara los impuestos y rompiera con una de las

---

60 Banco Central de Venezuela. *Informe Económico 1978*.

características básicas del sistema de reparto. El Estado prefería endeudarse antes que explicar de manera convincente la necesidad de aumentar el ingreso a través del cobro de tributos a las empresas y familias adineradas.

PRIMEROS ESPASMOS

Pronto los acontecimientos sucederían en línea recta, sin interrupciones, a un ritmo trepidante que desnudaría la fragilidad de la estructura que intentaba construirse sobre una base de barriles de petróleo. La corona de la economía global, Estados Unidos, sufría por los altos precios del combustible y el consumo perdió volumen; por lo tanto, disminuyó el apetito por el oro negro y surgió un leve descenso en el valor del crudo que estremecería el sueño de la Gran Venezuela. Las cifras no parecen decir mayor cosa; el ingreso proveniente de las exportaciones de petróleo solo declinó 5,6 % en 1978, pero este leve retroceso detonó una cadena de eventos que dejó a la intemperie la fragilidad de la economía en un año en que el país elegía nuevo presidente[61].

Ante un cofre de petrodólares menos voluminoso, las autoridades optaron por recortarle la rienda al caballo de las importaciones y lo lograron; las compras al exterior aumentaron tan solo 6,7 %, pero continuaron superando, ahora en mayor magnitud, el ingreso de divisas. Al incorporar en la ecuación el resto de gastos en dólares emergió un ancho déficit de 5 367 millones, una magnitud insostenible que obligó a acelerar el endeudamiento. Así, en doce meses las facturas que deberían ser canceladas en el futuro, con divisas, engordaron 50 %[62].

Sin embargo, a simple vista las cosas no lucían tan mal. Los dólares provenientes del endeudamiento mantuvieron en un nivel aceptable las reser

---

61 El ingreso proveniente de las exportaciones cae desde 9 661 millones de dólares en 1977 hasta 9 174 millones de dólares en 1978. Banco Central de Venezuela, *Informe económico 1978*: 15.

62 El informe del BCV correspondiente a 1978 precisa que las importaciones crecieron 6,7 % hasta 11 022 millones de dólares y las exportaciones se ubicaron en 9 174 millones de dólares. Esto arrojó un déficit en la cuenta de mercancías de 1 848 millones de dólares. El aumento de la deuda externa está recogido en el trabajo de William Cline *Estructura, orígenes y administración de la deuda pública externa de Venezuela*, y precisa que la deuda aumentó desde 10 146 millones de dólares en 1977 hasta 15 209 millones en 1978. En: Valecillos, Toro y Bello Rodríguez, 2001: 44.

vas internacionales, es decir, la alcancía de divisas que permite cancelar las compras en el exterior, pagar la deuda externa y respaldar la moneda. Además, el país contaba con otros recursos del Fondo de Inversiones de Venezuela y PDVSA que hacían que el monto de divisas disponible fuese bastante apreciable; de hecho, representaban 11 meses de importaciones; pero no debe olvidarse que los préstamos provenientes de los bancos extranjeros juegan un rol clave en esta foto. El economista Pedro Palma precisa, en una investigación sobre el tema, que «el masivo endeudamiento externo de 1978 impidió que las reservas internacionales cayeran a niveles críticos […] De no haber habido ese año disponibilidad de crédito internacional, el establecimiento de un control de cambios en 1978 habría sido prácticamente inevitable»[63].

En este debilitamiento también inciden los primeros síntomas de una hemorragia que alcanzaría extrema gravedad durante los próximos años. Obligados a contener el alza de la inflación, las autoridades de Estados Unidos aumentaron las tasas de interés, colocándolas por encima de las que ofrecían los bancos venezolanos, es decir, solo había que tomar 4,30 bolívares, comprar un dólar al tipo de cambio oficial, depositarlo en una cuenta en el exterior y ganar más en intereses de lo que se habría obtenido dejando el dinero en una entidad financiera de Caracas. Rápidamente el mercado olfateó el estupendo negocio y creció la demanda de dólares y el retiro de depósitos[64].

El declive del dinero en las entidades financieras generó temblores y obligó al Banco Central a ayudarlas comprándoles bonos antes de su vencimiento para inyectarles bolívares a fin de que compensaran por esta vía parte de la merma en los depósitos y disminuyeran el monto de las captaciones que deben conservar a manera de reserva. Pero, a pesar de estas medidas, la liquidez creció al menor ritmo desde 1971 y frenó la expansión de la economía, que, si bien siguió avanzando, lo hizo en 5,5 % *versus* un promedio de 9,5 % en los tres años anteriores.

Al mismo tiempo, ya era evidente que la estrategia de haber mantenido anclado el precio del dólar mientras la inflación se aceleraba, convirtiéndolo en un artículo barato, también impedía que el esfuerzo

---

63 Palma, 1989: 181.
64 El Banco Central precisa que en 1978 la compra de dólares por parte del público aumentó 56,8 % y el ahorro privado descendió 10,8 %.

realizado para impulsar la industria derivara en exportaciones y en una fuente de divisas distinta al petróleo. Las empresas venezolanas tenían costos elevados de mano de obra por el alza de los salarios y las materias primas que compraban en el país resultaban más caras que en el exterior; por lo tanto, si querían exportar tenían que vender sus productos a un precio en dólares superior al de sus competidores.

Pero, a pesar de las fallas de fondo en el sistema, la posibilidad de introducir modificaciones profundas, como devaluar la moneda, en un petro-Estado adicto al dólar y donde el gobierno paternalista es parte esencial del juego de poderes, era prácticamente imposible, sobre todo en 1978, año electoral en el que Acción Democrática buscaba afanosamente permanecer en el poder.

La Gran Venezuela culminaba 1978 con una economía tibia, indigestada con dosis de gasto que habían disparado la demanda más allá de lo sanamente aconsejable, a la vez que generaba un creciente desequilibrio en las cuentas públicas mientras la industria tocaba techo en medio de la escasez de mano de obra, baja productividad, la facilidad del subsidio estatal y un dólar a precio muy atractivo que alentaba las importaciones y desestimulaba las exportaciones.

El propio Carlos Andrés Pérez, en una retrospectiva crítica, admitiría que «no se modernizó la economía: una falla cardinal en todo nuestro gobierno. Una política paternalista, intervencionista y de controles era lo normal en Venezuela»; incluso confiesa que

> ... debimos haber devaluado. Nos mantuvimos exclusivamente como un país petrolero, sin desmontar la política paternalista. El valor de la moneda está en relación con el valor del trabajo del país, de su producción. No puede ser un valor artificial, sin relación alguna con lo que se produce. Teníamos una moneda sobrevaluada y no podíamos competir con ningún país del mundo. A pesar de contar con todos los elementos para la petroquímica, si producíamos productos petroquímicos resultaban muy caros, los vendíamos con una moneda sumamente cara. Tampoco podíamos producir excedentes agrícolas para exportar, porque nuestra moneda era muy cara. En cambio estimulaba las importaciones, porque lo que se producía afuera era mucho más barato[65].

---

65 Hernández y Giusti, 2006: 219.

Carlos Andrés Pérez no solo tenía que lidiar con los quebrantos de la economía durante un año electoral. Quizás aún más grave: su propia imagen, y en general, la de todo el Gobierno, sufría por el goteo incesante de denuncias de corrupción en un país donde ríos de bolívares transitaron durante cinco años por una administración pública centralizada, con pocos mecanismos de control y elevada discrecionalidad de los funcionarios. Denuncias de irregularidades de todo tipo en el Instituto de Obras Sanitarias, señalamientos de sobreprecio en la compra de fragatas, en negociaciones de distintas empresas públicas e incluso en la adquisición del avión presidencial erosionaron la percepción del país sobre cinco años en los que se había prometido «administrar la riqueza con criterio de escasez», frase que el venenoso humor popular convirtió en «administrar la riqueza con escasez de criterio».

En 1976, el informe de la Contraloría General de la República avivó las sospechas sobre cómo era que surgían fortunas instantáneas en el Valle de Caracas afirmando que

> ... con pocas excepciones, es común a los institutos y empresas que conforman la administración nacional descentralizada, una deficiente planificación, divorcio entre presupuesto y planes, carencia de adecuados sistemas de control presupuestario, retrasos y defectos en la contabilidad, presentación de estados financieros insinceros, debilidades ostensibles en los controles internos, inexistencia de políticas claras y definidas, carencia de manuales y normas organizativas[66].

En una frase que estremeció a la opinión pública por descarnada, casi descarada, al provenir del alto poder, Gonzalo Barrios, dirigente emblemático del partido de gobierno, inyectó gasolina al incendio confesando que «en Venezuela los funcionarios y sus allegados en general roban porque no tienen razones para no robar. En una sociedad donde el dinero es la clave de todos los ascensos y donde hay abundancia de oportunidades para meter la mano, solo una minoría con sentido moral, en cierto modo excepcional, no se siente atraída por la tentación de aprovecharse cuando no hay en realidad fuerzas que se lo impidan»[67].

---

66 Contraloría General de la República. *Informe al Congreso 1976*. En Malavé, 1987: 521.
67 *El Nacional*, 10-12-1977: D-1.

En ese entorno Rómulo Betancourt, líder fundador de Acción Democrática, quien ya había advertido que sin una conducta inflexible contra la deshonestidad «no solo perderemos las próximas elecciones sino que definitivamente entraremos en lo más hondo del desprestigio nacional», le arrebató a Pérez la posibilidad de nombrar al candidato para las próximas elecciones e impuso a Luis Piñerúa Ordaz, un hombre carente de carisma y cuya gran virtud, tal vez la única para aspirar a la presidencia, era la imagen de inflexible y honesto. De allí que su eslogan y principal oferta fue una palabra: correcto.

Copei compitió con Luis Herrera Campíns, llanero, con apariencia de bonachón y sarcástico, con una habilidad innata para tener siempre a mano el refrán adecuado. Podía parecer improvisado cuando era exactamente lo contrario. Desde muy temprano labró un liderazgo en el partido, al punto que para muchos era el sucesor natural del fundador y máxima figura, el expresidente Rafael Caldera. Con sombrero y safaris manga corta para embutir una figura con kilos de más, recorrió el país con una pregunta capaz de mantener vivo, las 24 horas del día, el tema de la corrupción: ¿Dónde están los reales?

No se contentó con esto. De la mano de su asesor, David Garth, Luis Herrera puso en pantalla una de las cuñas más demoledoras en la historia política venezolana porque, mostrando cómo junto a los chorros de petróleo persistía la pobreza crítica, avivó el contraste entre la Gran Venezuela y una realidad que solía pasar desapercibida. Una humilde mujer, Carlota Flores, junto a su hija, Aleida Josefina, reclamaban mejores condiciones de vida desde Caucagüita, un barrio de Caracas con techos de zinc, piso de tierra y niños descalzos.

Una encuesta elaborada por Datos registra que los venezolanos también estaban preocupados por el incremento de los precios, las fallas en los servicios públicos, la escasez de algunos productos básicos por retardos en las importaciones, los eventos que asociaban con la veloz expansión de la economía y, por ende, con la política económica del Gobierno.

Así fue tomando cuerpo un coctel capaz de derrotar a la poderosa maquinaria electoral de Acción Democrática. El tres de diciembre de 1978, Copei se impuso por escaso margen, apenas 177 000 votos, pero era la primera vez que AD era vencido sin ningún tipo de atenuantes. A diferencia de 1968, en esta oportunidad la pérdida del poder no podía explicarse por una división interna y, en junio de 1979, en las elecciones municipales sufriría el mayor descalabro de su historia al recibir únicamente la confianza de 34 % de los electores.

El «partido del pueblo» recibía el voto castigo por la convicción de una porción mayoritaria de los electores de que había administrado mal el *boom* petrolero. A pesar de los altos ingresos que tuvo a mano Acción Democrática durante la campaña y las ventajas inherentes a ser el partido de Gobierno en la contienda, hubo un cambio político en el país.

VENEZUELA HIPOTECADA

¿Qué cosas ocupaban la mente de Luis Herrera el 12 de marzo de 1979, cuando durmió la primera noche como presidente de los venezolanos? Ese día, en el que Carlos Andrés Pérez le colgó la banda presidencial en el pecho, pronunció un discurso duro, poco entusiasta. Y es comprensible. Para ese momento sus ministros ya le habían advertido de los problemas en las finanzas públicas, de la inflación represada por los controles de precios y del alza que había experimentado la deuda del Estado.

«El país reclama con urgencia la austeridad y mi gobierno la tendrá como regla y guía», afirmó en la sede del Congreso e inmediatamente agregó que «me toca recibir una economía desajustada y con signos de graves desequilibrios estructurales y de presiones inflacionarias y especulativas que han erosionado alarmantemente la capacidad adquisitiva de las clases medias y de los innumerables núcleos marginales del país. Recibo una Venezuela hipotecada».

Pronto afloraría con toda crudeza la pérdida de control en el manejo del Estado. Podía existir la intención de frenar el gasto, pero eso no sería suficiente. El gobierno central y el Fondo de Inversiones de Venezuela desaceleraron el ritmo de los desembolsos pero las nuevas empresas públicas que entraban en funcionamiento tras las inversiones del V Plan de la Nación, la ampliación de otras e institutos autónomos que se habían multiplicado, no podían frenar los desembolsos porque los problemas de gerencia y el incremento de los costos necesitaban de continuas transfusiones de dinero. El déficit en las cuentas públicas no solo no se corrigió, sino que aumentó.

El desequilibrio fue cubierto con préstamos que las empresas del Estado solicitaban a bancos del exterior, en muchos casos sin registrarlos debidamente en sus balances o dejando de lado la obligación de notificar adecuadamente al Ministerio de Hacienda[68] y el país siguió hipotecándose asumiendo más deuda.

El dinero obtenido con el endeudamiento tapaba las pérdidas en operaciones y fallas de gerencia de compañías emblemáticas, como la de servicio telefónico (CANTV), donde las tarifas permanecían inalterables desde 1968; de la Corporación de Mercadeo Agrícola, que compraba alimentos en el exterior y los revendía a precios inferiores en el país; del Instituto de Obras Sanitarias (INOS), que tenía tarifas congeladas desde 1963; del Fondo Nacional para el Desarrollo Urbano (FONDUR), que obtenía recursos endeudándose a tasas de interés entre 18 % y 21 % para financiar viviendas al 6 % y Sidor, que reportaba números rojos desde 1979. El Estado continuaba con una deficitaria política de subsidios con fondos que provenían de créditos contratados en el exterior, sin control alguno, por las empresas públicas[69].

El endeudamiento opaco a través de las compañías del Estado no era nuevo. De hecho, era conocido como «deuda flotante» y había nacido durante el gobierno de Carlos Andrés Pérez como una manera de disparar el gasto un año antes de las elecciones de 1978. Consciente de esta situación, Luis Herrera nombró una comisión especial para precisar el monto de la deuda subterránea y el resultado serían facturas por pagar, no registradas debidamente por el orden de 43 000 millones de bolívares. No obstante, durante su administración la deuda flotante seguiría creciendo hasta convertirse en una isla de enorme dimensiones[70].

Ante el agotamiento de los controles de precios no quedó más alternativa que desencadenar el valor de los productos y la inflación represada irrumpió con toda su magnitud, recibiendo impulso extra por encarecimiento de las importaciones provenientes de Estados Unidos y el resto de los países industrializados, que en ese momento experimentaban

---

68 Véase entrevista con Luis Ugueto, ministro de Hacienda.
69 Cline, 1984: 32.
70 Véase Karl, 1999: 173.

un alza histórica en sus costos. Al mismo tiempo, como ya era usual, el salario de los venezolanos aumentaba por decretos, sin tomar en cuenta la productividad de las empresas[71].

Las reuniones del gabinete económico donde se discutía la necesidad de ajustar el tipo de cambio, de acabar con lo barato del dólar, pronto quedaron en el olvido. Un salvador, llegado a manera de príncipe del Medio Oriente, evaporó las preocupaciones del equipo de gobierno. El derrocamiento del *shah* de Irán, Reza Pahlavi, y el ascenso al poder de la revolución islámica, encarnada en su líder, ayatolá Musavi Jomeini, puso en la pista de despegue los precios del petróleo. Mas cuando Irak e Irán, dos de los máximos productores de crudo, levantaron el hacha de la guerra por una disputa territorial, el barril alzó vuelo como nunca antes y espantó al fantasma de la devaluación. Todo sería como antes en materia cambiaria; el billete verde seguiría a 4,30 bolívares[72].

Pero pronto llegarían malas noticias desde el exterior. Estados Unidos preparaba un giro drástico en su política económica que tendría graves consecuencias en toda América Latina donde, al igual que en Venezuela, el festín de la deuda parecía no tener límite. Tras el salto de los precios del petróleo a mediados de los años 70, los países árabes inundaron de petrodólares las grandes torres financieras de Nueva York y sus agentes tocaban las puertas de los gobiernos de México, Brasil, Argentina, al igual que en Caracas, ofreciendo un variado catálogo de préstamos a bajas tasas de interés que multiplicaban las facturas por pagar en el mediano plazo.

Para los bancos estadounidenses, los préstamos a países del tercer mundo constituían la estrategia para adaptarse a un entorno donde el mercado de capitales invadía cada vez más su rango de acción. Desde comienzos de los años 70 las entidades financieras observaban cómo el monto de los créditos a las grandes empresas descendía, en vista de que

---

71 El Banco Central de Venezuela precisa que la inflación saltó desde 7,2 % en 1978 hasta 20,4 % en 1979; 19,7 % en 1980 y luego tendería a moderarse bajando a 10,4 % en 1981; 7,8 % en 1982 y 7 % en 1983.

72 En 1978 el precio promedio del petróleo venezolano se ubicó en 13,77 dólares por barril. En 1979 aumentó hasta 19,88 dólares y en 1980 alcanzó la cúspide de 32,69 dólares. Los precios escalaron principalmente porque la producción de Irán, cinco millones de barriles diarios que abastecían a 10 % de la demanda mundial de petróleo, se vino abajo.

era más atractivo financiarse emitiendo bonos. William Seidman, quien estuvo al frente del organismo encargado de asegurar a los depositantes (FDIC), afirma que los bancos norteamericanos abrieron sus bóvedas a los gobiernos latinoamericanos cuando perdieron parte de sus grandes clientes corporativos.

Latinoamérica pasó a ser un cliente esencial para la aristocracia financiera de Estados Unidos. Al cierre de 1982, dos tercios de las ganancias de Bank of America provenían de los créditos latinoamericanos, mientras que en el Chase Manhattan Bank representaban la mitad y en Citicorp el portafolio de préstamos, principalmente a Brasil y México, superaba dos mil millones de dólares[73]. Bancos japoneses y británicos ingresaron al juego dispuestos a obtener su parte en el pastel y, así, América Latina cimentó los sueños de desarrollo con crédito abundante y barato, aunque también con una deuda creciente.

EL GIRO DE VOLCKER

A finales de 1979, Paul Volcker se colocó al volante de la Reserva Federal de Estados Unidos y anunció que estaba decidido a «matar al dragón de la inflación» que no dejaba de escupir fuego, alimentado por el déficit público y el aumento en el costo del combustible tras el salto del petróleo. El desajuste era tal que los precios al consumidor habían alcanzado un alza anual de 10 %, magnitud escandalosa para la primera economía del mundo.

Convencido de que la inflación respondía a la cantidad de dinero en circulación, Volcker consideró que tenía que drenar liquidez del mercado, algo que necesariamente requiere un incremento en las tasas de interés para debilitar el crédito y estimular el ahorro. La Reserva Federal aumentó las tasas a las que presta a las entidades financieras comerciales y además les exigió que incrementaran las reservas sobre todos los préstamos que otorgaban en Estados Unidos con recursos provenientes del exterior, es decir, de los petrodólares, que no solo alimentaban a los gobiernos latinoamericanos; también a la economía estadounidense.

---

73 Marichal, 2010: 197.

Paul Volcker logró lo que quería: el dinero disponible para el crédito disminuyó y el resto de las tasas de interés, en vista de que ya no había tantos dólares disponibles para prestar, iniciaron un alza constante hasta situarse en 20 % anual. La inflación dobló la cabeza, pero al costo de mayor desempleo y una recesión que acabó con las posibilidades de reelección de Jimmy Carter, pavimentando el camino para que, con Ronald Reagan como líder, los republicanos retornaran a la Casa Blanca en 1980.

La administración Reagan tomó acciones para combatir la recesión, básicamente suministrando dosis de gasto público alimentado con generosas emisiones de deuda y el recorte de impuestos para que las familias incrementaran el consumo. Entonces, los bonos del Tesoro de Estados Unidos se volvieron muy atractivos porque, además de ser considerados los más seguros del mundo, estaban denominados en dólares, la moneda que, pese a los malos presagios por parte de analistas durante la época de alta inflación, recuperaba terreno velozmente, dejando en claro que su reinado en la economía global estaba lejos de culminar. Para Venezuela y el resto de América Latina, hubo dos grandes consecuencias: el aumento de las tasas en Estados Unidos incrementó drásticamente los intereses a cancelar por la deuda y, en su mayoría, el crédito de las torres financieras norteamericanas y europeas pasó a ser de muy corto plazo.

HEMOFILIA

Tras el incremento de las tasas de interés en Estados Unidos, los venezolanos tenían nuevamente frente a sí el gran negocio de pedir prestados bolívares en los bancos del país, comprar dólares y depositarlos en Bank of America, Citibank, Chase Manhattan; en fin, en el inmenso listado de entidades financieras estadounidenses, para obtener intereses superiores a los que tenían que cancelar cada año por el crédito. Una manera fácil y rápida de ganar dinero en la moneda más sólida del mundo.

El Banco Central de Venezuela decidió aumentar las tasas de interés para tratar de contener la compra de dólares, pero de una manera tímida, sin la contundencia necesaria y con retardos importantes en los tiempos, creándose un cuadro donde la economía, al igual que los pacientes hemofílicos, sufría de copiosas hemorragias donde el ahorro se trasladaba desde las entidades financieras venezolanas hacia las torres bancarias de Nueva York.

El desconcierto y la falta de coordinación en el gabinete económico emergerían claramente en 1981, un año donde todas las alarmas que señalan descontrol titilaron al unísono en el tablero. Presionado porque el recorte en el gasto del gobierno central había precipitado un severo enfriamiento del crecimiento, el gabinete cambió por completo la receta y suministró una masiva inyección de bolívares, despertando preocupación en el Banco Central por la posibilidad de que la inflación, que ya había mostrado los colmillos, mordiera con mayor fuerza la capacidad de compra del salario.

¿Qué hizo el directorio del Banco Central? Disminuyó las tasas de interés para que los venezolanos tuvieran aún menos incentivos para dejar sus ahorros en Venezuela y, así, disminuir la liquidez e intentar contener por esta vía la presión inflacionaria. El resultado fue que la hemorragia alcanzó montos insospechados y comenzó un ciclo trágico: el Gobierno inyectaba bolívares para reanimar la economía, pero en una buena cantidad eran cambiados a dólares y depositados en el exterior, con lo que se lograba muy poco en materia de crecimiento y aumentaba la pérdida de reservas internacionales por la creciente salida de divisas[74].

El economista Pedro Palma afirma que «esta política fue errada, pues además de propiciar una merma innecesaria de reservas internacionales, no era el mecanismo más idóneo para combatir la inflación, ya que el aumento de los precios se debía, en su mayor parte, a aumentos en los costos de producción, tanto locales como externos, más que a un crecimiento desmedido de la demanda»[75].

El Banco Central tenía a mano la posibilidad de disminuir la cantidad de bolívares en circulación reduciendo la porción de los depósitos que las entidades financieras pueden prestar, o vendiendo bonos, pero

---

74 El Banco Central precisa que la venta de divisas a los bancos comerciales que refleja la compra de dólares por las personas y las empresas aumentó 23,4 % en 1981 desde 12 355 millones hasta 15 257 millones. En la página 63 del *Informe Económico 1981* precisa que «se permitió deliberadamente la salida de capital a corto plazo que aprovechó el diferencial de interés favorable en el exterior». Luego, el 25 de agosto, el BCV dejó flotar las tasas de interés.

75 Palma, 1989: 187.

tomó un camino que aceleró la fuga del ahorro de los venezolanos hacia
Estados Unidos. Aparte de tener poco éxito con la inflación, el descenso
de los depósitos en los bancos se tradujo en menos bolívares disponibles
para financiar las empresas privadas, que redujeron las inversiones a un
promedio anual de 24 % mientras que las familias consumían menos
porque el alza de los precios erosionaba los sueldos[76].

Otra pieza en el juego es que los empresarios privados ya no podían
continuar financiándose en el exterior por el aumento de las tasas de interés en Estados Unidos. Tenían capacidad ociosa porque el crecimiento
había perdido ímpetu y, al igual que el resto de los venezolanos, también comenzaron a beneficiarse de la posibilidad de comprar abundantes
dólares baratos y la inversión pasó a un segundo plano en las decisiones
de gerencia.

Maritza Izaguirre, quien estuvo al frente del Ministerio de Planificación a partir de marzo de 1982, afirma que el gasto público no pudo
reanimar la economía porque la inflación le había restado fuerza, es decir,
compraba menos cosas y estaba concentrado en proyectos de larga maduración que aún no entraban en funcionamiento. Además reconoce que
«las condiciones prevalecientes en el mercado financiero norteamericano, principalmente de altas tasas de interés, desalentaron al inversionista
privado para invertir en el país»[77].

En este entorno, el crecimiento alcanzado en el pasado comenzó
a convertirse en un sueño lejano; las cucharadas de gasto cortesía de los
altos precios del petróleo ya no lograban los mismos resultados; la inflación represada volvía a cobrar las cuentas pendientes y, en vez de invertir
o ahorrar en Venezuela, la meta era comprar la mayor cantidad de dólares posibles. Entre 1979-1983, la producción del ala no petrolera de la
economía cayó a un promedio de 1 % al año y el desempleo saltó desde
4,3 % hasta 10 %. Atrás quedaban los sueños de prosperidad ilimitada[78].

---

76 El gasto de consumo real per cápita que creció a una tasa promedio de 8,5 % entre 1974-1977 se redujo
en el quinquenio 1979-1983 a un promedio de 2,8 % al año. Palma, 1989: 191.
77 Izaguirre, 1984: 7.
78 El Banco Central de Venezuela registra que en 1979 la economía creció 1,3 %; en 1980 cayó 2 %; en
1981 registró otro descenso, en esta oportunidad de 0,3 %; en 1987 logró salir a la superficie con un mínimo
avance de 0,7 % y en 1983 se hundió 5,6 %.

LO IMPENSABLE

En marzo de 1982 el corazón del sistema perdió intensidad en sus latidos: los precios del petróleo iniciaron un retroceso que ni el ministro más pesimista del gobierno venezolano había previsto. Las autoridades tenían el convencimiento de que el barril seguiría conquistando nuevas cumbres sin tomar en cuenta que la producción de los países que no forman parte de la OPEP aumentaba a paso firme elevando la oferta y, al mismo tiempo, la demanda se desinflaba por el menor crecimiento de las economías desarrolladas y el mayor uso de sustitutos, como carbón y gas natural[79].

Como respuesta lógica al aumento de la oferta y el declive de la demanda, la cesta petrolera venezolana, que en 1981 se mantuvo en un promedio de 29,42 dólares el barril, culminó 1982 en 26,76 dólares, un retroceso que, si bien no parece muy profundo, tuvo consecuencias en materia de ingresos de divisas, en el gasto del Gobierno y, sobre todo, actuó como una sirena de alarma que aumentó las compras de dólares.

Leopoldo Díaz Bruzual, quien ocupaba la presidencia del Banco Central de Venezuela desde febrero de 1981, explica que el descenso en los precios del petróleo significó «una disminución de aproximadamente 3 500 millones de dólares de los ingresos de divisas del país y una merma sensible de las reservas internacionales»[80].

Pero las complicaciones no terminan aquí. El declive del petróleo propició un primer deslizamiento del peso mexicano que ocasionó pérdidas a las multinacionales y despertó temores sobre el bolívar, que estaba visiblemente sobrevaluado. El resultado es una estampida de las grandes compañías extranjeras en el país que desencadenó una onda expansiva. «Esos fenómenos se refuerzan recíprocamente porque su interacción llena el ánimo del venezolano de una sensación de inseguridad monetaria, que lo impulsa a participar en la especulación contra el bolívar y, en consecuencia, a debilitarlo más», recuerda Díaz Bruzual.

---

79 Un estudio elaborado por el Banco Central Europeo, *Why Oil Prices Decline Over The Long Run*, (P8) precisa que entre 1979 y 1982 la demanda de petróleo de los países miembros de la OCDE descendió desde 44,4 millones de barriles diarios hasta 37,8 millones de barriles por día.

80 Díaz Bruzual, 1984: 56.

En otras palabras, la hemorragia aumentó considerablemente a pesar de que el Banco Central había liberado las tasas de interés para desestimular la salida de divisas. Pero ya no se trataba de unos puntos más o menos en el rendimiento de los ahorros. Las empresas y los particulares percibían que había un riesgo de devaluación porque el descenso en el precio del petróleo significaba menos petrodólares para sostener las reservas.

A pesar de la urgencia, el Gobierno no tomó medidas de fondo. La alternativa de devaluar la moneda a fin de encarecer el precio del dólar y desestimular por esta vía la compra de divisas o instaurar un control de cambio para contener la sangría sencillamente aterraba al presidente de la República que, en las maratónicas reuniones efectuadas en La Casona, se mostraba incapaz de tomar decisiones que implicaran costos políticos. Luis Herrera no iba a ser el hombre que intentara el tránsito hacia un país posrentista; mejor era confiar en que la Providencia alejaría la tormenta, cruzar los dedos y esperar.

Pero un nuevo rayo, nuevamente proveniente de tierras aztecas, impactó las finanzas venezolanas. El presidente José López Portillo se propuso devolverle a México su grandeza apostando en la ruleta petrolera, con un plan de crecimiento faraónico sustentado en endeudamiento masivo, pero el alza de las tasas de interés en Estados Unidos y la pérdida de brillo del barril hundió en la quiebra a una de las principales economías de la región y el 12 de agosto de 1982 el ministro de Hacienda, Jesús Silva Herzog, en el Hotel Plaza de Nueva York, anunció al Fondo Monetario Internacional y a los bancos norteamericanos que el gobierno mexicano no podría cumplir con los pagos correspondientes a la deuda.

El pánico se apoderó de las entidades financieras estadounidenses; la montaña de créditos desembolsada a los gobiernos latinoamericanos había permanecido oculta, no visible en los mapas de riesgos financieros de la economía global y de pronto aparecía en toda su dimensión. Cuatro países, México, Brasil, Argentina y Venezuela, les debían 176 000 millones de dólares y en emblemáticas torres bancarias los préstamos concedidos superaban el capital y las reservas. La respuesta fue cerrar el grifo del refinanciamiento. Lo normal hasta entonces era que los gobiernos latinoamericanos solicitaran nuevos créditos para cancelar los viejos, pero ahora se les exigía el pago sin recibir otros préstamos; la decisión era apretar las tuercas.

Leopoldo Díaz Bruzual señala que tras la bomba mexicana «como era de suponer y esperar los acreedores comienzan a cerrar sus líneas de crédito con otros países deudores y a exigirles el pago de las deudas a corto plazo que se iban venciendo. Para Venezuela ello significaba hacer de plazo vencido una deuda de aproximadamente 13 000 millones de dólares, de la que la mayor parte venía renovándose periódicamente»[81].

Luis Herrera tampoco se atrevió a tomar medidas de fondo. Así, Venezuela actuó como un personaje de dibujos animados que, parado frente al precipicio, da un paso hacia adelante, se suspende en el aire por unos segundos y luego cae al vacío. Para sostenerse un poco más le ordenó a PDVSA que transfiriera los dólares que tenía depositados en el exterior al Banco Central y se incrementó el precio al que se contabilizaban las barras de oro del país desde 42,22 la onza *troy* hasta 300 dólares, a fin de elevar las reservas internacionales y mejorar el rostro frente a los bancos extranjeros.

Estas medidas acentuaron la desconfianza. Los venezolanos sintieron que efectivamente el piso temblaba y que el fantasma de la devaluación cada vez estaba más cerca. De hecho, el Gobierno tomaba acciones desesperadas para tratar de evitar lo que lucía inevitable y, entonces, vino otro golpe contundente. El 28 de noviembre no queda más alternativa que intervenir al Banco de los Trabajadores de Venezuela (BTV), la tercera entidad financiera del país sumergida en la insolvencia por créditos irrecuperables concedidos a empresas relacionadas.

El terror a una crisis financiera desata nuevas estampidas. El parte de guerra que emite el Banco Central en su informe económico correspondiente al cierre de 1982 muestra el impacto del declive en el precio del petróleo, la creciente compra de dólares y el intento por fortalecer las reservas trayendo las divisas de PDVSA y revalorizando el oro. «Los ingresos de divisas se elevaron en 770 millones de dólares, frente a un aumento de 3 837 millones en las ventas». El resultado final es que los activos de divisas de la República, es decir, los dólares en reservas, de PDVSA y del

---

81 Díaz Bruzual, 1984: 57.

Fondo de Inversiones registran un declive de 26% para ubicarse en 14 164 millones de dólares[82].

Esto no es todo. Hasta este momento la torre, siempre en alza, de la deuda del país no era vista como problema; al fin y al cabo, el petróleo proveía suficientes recursos para pagar intereses y vencimientos, además de que la banca internacional siempre estaba dispuesta a extender nuevos créditos. Pero súbitamente la administración tenía menos ingresos y se enfrentaba a la negativa de los bancos por otorgar más financiamiento, así que el Gobierno trató de alargar los plazos de pago pero no tuvo mayor éxito. Con mucho esfuerzo, el ministro de Hacienda logra acuerdos de reconversión por montos inferiores a los 1 500 millones de dólares, cifra insignificante, porque la Nación ya le debía a la banca extranjera 19 809 millones de dólares.

La Navidad no aleja las malas noticias y el petróleo continúa en descenso, enviando la señal de que la situación se tornaba inmanejable. Maritza Izaguirre relata que «las primeras semanas del año 83 son testigos de una espectacular fuga de divisas. El promedio diario de venta de dólares americanos a la banca comercial por parte del BCV mantiene un ritmo ascendente hasta alcanzar la asombrosa suma de 200 millones de dólares vendidos en un día»[83].

La terquedad de la crisis, el deterioro de las finanzas públicas, la certeza de que no había soluciones mágicas y que inexorablemente el país se quedaría pronto sin reservas internacionales obliga al gabinete económico a aceptar que es inevitable instaurar un control de cambio y corregir, así sea en parte, la sobrevaluación de la moneda, es decir, devaluar para disminuir el desajuste que convertía al dólar en un artículo muy barato.

Comienza entonces una batalla a lo interno. El Banco Central propone una cosa y el Ministerio de Hacienda, junto al resto del gabinete económico, otra. Leopoldo Díaz Bruzual, como presidente del BCV, considera pertinente devaluar la moneda y deslizar el tipo de cambio oficial

---

82 En 1982 el ingreso por exportaciones petroleras es de 15 659 millones de dólares, cifra que se traduce en un descenso de 18% respecto a 1981. Al mismo tiempo las importaciones, estimuladas por lo barato del dólar, ascienden a 13 166 millones de dólares, lo que se traduce en un alza de 8,6% respecto a 1981 y en el nivel más elevado desde 1978. La cuenta corriente registró un déficit de 3 491 millones de dólares.

83 Izaguirre, 1984: 11.

desde 4,30 bolívares por dólar hasta 6,50 y «la creación de un control de cambios ágil, morigerado con el funcionamiento de un mercado libre, donde la divisa norteamericana fluctuara libremente, pero sin que las fluctuaciones se salieran de las posibilidades de influencia efectiva del BCV»[84].

Hacienda estima que las proyecciones del Banco Central incluyen un estimado muy bajo para las exportaciones petroleras, no contempla nada en materia de refinanciamiento de la deuda y considera que una devaluación de esa magnitud tendría un fuerte impacto inflacionario. Además había un tema que actuaba como una espina en la garganta del sistema de conciliación de élites. Los empresarios privados, al igual que el Estado, se habían endeudado en gran cantidad con bancos extranjeros y tenían cuentas pendientes por el orden de 7 000 millones de dólares. ¿A qué tipo de cambio se les vendería los dólares para que cancelaran estos compromisos?

Dice Maritza Izaguirre:

> El Banco Central sostenía que la deuda privada no debía ser sujeta a ningún trato preferencial, ya que la verificación de la misma era sumamente difícil, en especial la deuda de tipo comercial, y que experiencias en esa materia señalaban múltiples formas de fraude. El gabinete económico mantenía que la deuda legítimamente contraída industrial y financiera debía ser reconocida, puesto que de otra manera un elevado número de empresas entraría en pérdidas afectando seriamente la capacidad productiva futura del país.

Después de una larga batalla se impone el criterio del ministro de Hacienda, Arturo Sosa, quien había sustituido a Luis Ugueto. La decisión final es mantener el tipo de cambio de 4,30 bolívares por dólar para bienes prioritarios, como alimentos y medicinas. Otro tipo de cambio de 6 bolívares por dólar para las importaciones no esenciales y un tercer tramo, muy reducido, que lo fijaría el mercado en 9 bolívares por dólar. ¿Los empresarios? A pesar de que ya habían comprado grandes cantidades de divisas durante la sangría, lograron que el Estado les siguiera vendiendo dólares baratos, a 4,30 bolívares, para cancelar la deuda que tenían con los bancos extranjeros.

---

84 Díaz Bruzual, 1984: 57.

El convenio, ya redactado, es enviado por el consejo de ministros al directorio del Banco Central para que reciba la aprobación final con el voto salvado de Leopoldo Díaz Bruzual, quien señalaría luego que «la consagración de un subsidio de bolívares 4,30 por dólar a favor de los deudores privados, dizque para evitar la quiebra de muchas empresas, aparte de ser una falacia, de parte de quienes así lo alegan, demuestra una ignorancia supina, de parte de las autoridades que lo aprobaron».

Profundiza en el tema y señala que

> ... el socorrido argumento de que sin el subsidio cambiario para las empresas deudoras éstas quebrarían, es falso por dos razones. En primer lugar, porque así como suben de valor los pasivos en términos de bolívares (la deuda), los activos adquiridos (los bienes de equipos y de capital) deben también subir de valor, es decir, ser revaluados. Una vez revaluados los activos, el mayor valor de éstos compensa el mayor valor de los pasivos y el equilibrio se establece contablemente[85].

Aparte de estas consideraciones, está el hecho de que los grandes grupos económicos, los mismos que salían favorecidos con dólares baratos para cancelar su deuda con las entidades financieras del exterior, habían comprado enormes cantidades de divisas que estaban depositadas en sus cuentas bancarias o invertidas en lujosas casas en Miami.

Un estudio elaborado por el economista Miguel Rodríguez, en agosto de 1984, quien luego sería ministro de Cordiplan durante el segundo gobierno de Carlos Andrés Pérez, expone de manera descarnada el juego de la deuda en dólares de la República y el enriquecimiento del sector privado. Explica que, durante el primer gobierno de Pérez, la República se endeuda, pero a la par PDVSA, el Fondo de Inversiones y el Banco Central acumulan divisas por prácticamente el mismo monto, es decir, «el país podía pagar el total del incremento de su deuda pública de 10 000 millones de dólares con su aumento de reservas y de activos del Fondo de Inversiones de Venezuela y de PDVSA»[86].

---

85 Díaz Bruzual, 1984: 69.
86 Rodríguez, 1984: 388.

Añade que, durante el período de Luis Herrera, el Estado se endeuda para compensar la salida de divisas, es decir, la compra de dólares del sector privado, que incrementa sus activos en el exterior en 22 000 millones de dólares. Desde su punto de vista, al fugarse buena parte de los ahorros, las empresas del Estado no tienen más alternativa que endeudarse en dólares fuera del país, con la banca internacional.

¿Por qué el sector privado decide ahorrar afuera? Miguel Rodríguez señala enfáticamente que

... la respuesta no es, por supuesto, que el sector privado se portó mal con el país sacando sus reales al exterior (sólo a los que generaron sus ahorros al margen de la ley les convenía en cualquier circunstancia ahorrar en Suiza o en las Islas Caimán). La causa primordial fue la combinación de las pésimas políticas financieras del Banco Central de Venezuela en 1980 y 1981, y el obstinado mantenimiento de una paridad abiertamente sobrevaluada para el bolívar, que propiciaron salidas masivas de capital privado al exterior.

«La diferencia de los dos tipos de endeudamiento es abismal. Mientras que en 1978 casi toda la deuda pública podía ser pagada con los activos externos del sector público, en 1982 la contrapartida total del nuevo endeudamiento eran activos venezolanos pero del sector privado, que por supuesto no pueden ser usados para cancelar los compromisos de la República», dice Miguel Rodríguez[87].

El 18 de febrero de 1983, conocido desde entonces como Viernes Negro, el gobierno de Luis Herrera cierra el mercado de dólares mientras termina de pulir las medidas y el viernes siguiente el país conoce, después de treinta años de estabilidad, que el bolívar ha sido devaluado, que el signo monetario aceptado en Colombia y otros países vecinos por su fortaleza ya no ofrece la misma seguridad. La Venezuela que derrochaba petrodólares en Miami quedaría en el recuerdo, pero aún más importante –en ese momento los ciudadanos no lo percibían–: no era una crisis pasajera, el traspié que puede sufrir cualquier economía para levantarse

---

87 Rodríguez, 1984: 390. A este respecto es importante contrastar con la opinión de Luis Ugueto, exministro de Hacienda de Luis Herrera, entrevistado en el próximo capítulo.

rápidamente y continuar la tarea de repartir prosperidad. Estaban frente a un cambio estructural: los hijos ya no vivirían mejor que sus padres.

Los precios del barril no se recuperarán de manera sostenida durante los próximos veinte años; solo habrá pequeños períodos de auge y caída que convertirán a la economía en una máquina en reversa, generadora de pobres. Los distintos gobiernos que suceden a Luis Herrera son incapaces de responder adecuadamente al colapso del modelo de industrialización; no encuentran la propuesta adecuada ante el descenso de la renta petrolera y caen en un círculo vicioso: aprovechan el oxígeno de un incremento fugaz en los precios del petróleo para aumentar el gasto público y mantener lo más anclado posible al valor del dólar. El alza en el gasto genera algo de crecimiento mientras que la estabilidad del dólar abarata las importaciones y frena la inflación. Cuando el mercado percibe que el petróleo perderá nuevamente altura y las cuentas públicas caerán en el desequilibrio, compran divisas y precipitan un nuevo colapso que se manifiesta en otra devaluación.

La devaluación aumenta los bolívares que el Gobierno recibe por los petrodólares y ayuda a cuadrar las cuentas públicas, pero también empobrece. Los productos importados se hacen más caros y la inflación merma la capacidad de compra del salario. Si la devaluación no es suficiente para cubrir el déficit, se recurre a impuestos y recorte de gasto, con lo que crece el impacto y la recesión es mayor. A lo largo de dos décadas, la inversión privada se reduce constantemente y alrededor de la mitad de los venezolanos se ven forzados a buscar empleo en el sector informal.

Esta montaña rusa resume el comportamiento de la economía venezolana durante el largo túnel que sigue a 1983. La movilidad social va a perderse, los pobres se multiplican y la clase medida pierde calidad de vida. Al comenzar 2004, año en el que la suerte vuelve a sonreír y comienza el *boom* petrolero más largo de la historia, 53 de cada 100 de los hogares venezolanos son pobres, en 16 carecen de servicios básicos, en 15,7 las familias viven en hacinamiento crítico y el desempleo golpea a dos de cada 10 personas en edad de trabajar[88].

88　Datos del Instituto Nacional de Estadística (INE) Serie de pobreza.

II. HABLAN LOS PROTAGONISTAS

Gumersindo Rodríguez, quien estuvo al frente del Ministerio de Planificación en el período 1974-1977 durante el primer gobierno de Carlos Andrés Pérez.

—Cuando toma control del Ministerio de Planificación, ¿cuál es el plan inmediato?

—Ya los precios del petróleo habían comenzado a crecer desde el gobierno de Rafael Caldera; había una acumulación de reservas. Nuestro problema era cómo no gastar esas reservas sin un programa y el gobierno de Caldera no tenía programa. Estaba la construcción del Parque Central, del Centro Comercial Ciudad Tamanaco, el Cubro Negro y así por el estilo. Se trataba de inversión residencial, y también comenzaba a marchar el Metro de Caracas, que tampoco implicaba producción. Caldera no tenía proyecto ni se planteó aumentar la escala de lo existente.

—¿Cómo se toma la decisión de ir a un plan de ampliación de las empresas básicas?

—Esa pregunta es buena porque la gente se imagina que uno procede sin base. Pasó tres meses con nosotros haciendo la evaluación del tema industrial nada menos que Wassily Leontief, padre de la economía interindustrial; estuvo con nosotros Celso Furtado; también nació lo de Fundayacucho, que daba becas para que venezolanos estudiaran en el exterior por la necesidad de desarrollar el recurso humano. La gente creía que eso se hacía sin análisis. El plan se basó en esos estudios.

—Los críticos hablan de planes faraónicos.

—¿Faraónico era el plan de Guayana, el aluminio? ¿El Metro, que venía del gobierno de Caldera? Búsquenme uno, un plan que era faraónico. Nosotros nunca hablamos de llevar gas a la Patagonia sin tener gas, por ejemplo; eso no se planteó. ¿Cuáles son los planes faraónicos? ¿Aumentar la capacidad de la represa del Guri de 4 000 megavatios a 18 000 megavatios, eso es faraónico? Era grande porque Venezuela iba a pasar de 10 millones de habitantes a 20 millones. El Metro era necesario para una gran ciudad. El aluminio pasó de una capacidad de producción de 30 000 toneladas a 500 000 toneladas. Se hizo, no era estrambótico. ¿Dónde está el Humboldt que queríamos construir? ¿El plan Gran Mariscal de Ayacucho era inmenso, faraónico? Aquí se dicen cosas sin razón.

—Pérez Alfonso ataca mucho las dimensiones de los proyectos en varios de sus escritos.

—Pérez Alfonso tenía un prejuicio. Él consideraba que la nación no tenía capacidad de absorber eso. Pérez Alfonso es un hombre inteligente, honorable; él consideraba que nosotros debíamos invertir el dinero en letras del tesoro de Estados Unidos, como lo hizo Kuwait y era mucho mejor. Eso para nosotros no era aceptable.

Él tenía una idea por su vivencia personal. Venía de una familia muy rica y sus familiares malgastaron toda la riqueza familiar y él fue quien restableció la fortuna de la familia. No tenía ninguna confianza en que los venezolanos podrían llevar adelante ningún proyecto importante; el problema es que los proyectos se culminaron. Todas las estadísticas del plan de la nación, confirmadas por el Banco Central de Venezuela, todas las metas físicas del plan se cumplieron; el aumento de las toneladas de aluminio, megavatios, se cumplieron.

—¿Nunca le explicó a Pérez Alfonzo esta visión del proceso?

—Mucho, pero él era un hombre de ideas muy firmes y además era difícil refutarle a nivel filosófico; era un debate que se salía de la economía, pero le tengo una profunda admiración.

—¿Por qué se decide ir a un plan de endeudamiento?

—Eso es interesante. De acuerdo con las proyecciones del Banco Mundial no debíamos preocuparnos en ir al endeudamiento porque los precios del petróleo iban a continuar aumentando. Yo me reuní con el presidente del Banco Mundial y le dije que si ellos asumían el compromiso de que, en caso de no producirse sus previsiones, el Banco Mundial aportaría el dinero para culminar los proyectos; nosotros no íbamos a ningún proceso de endeudamiento; pero no quisieron. Al final se produjo la previsión del

Banco Mundial y había dinero para pagar ese endeudamiento; lo que pasa es que la fuga de capitales durante el gobierno de Luis Herrera se lo tragó.

—Al observar las estadísticas oficiales queda claro que a partir de 1977 comienzan a deteriorarse las cuentas. Las importaciones superan a las exportaciones y en 1978 el déficit de la cuenta corriente es de 5 735 millones de dólares.

—El V Plan de la Nación fue un programa de inversiones extraordinarias que nunca había ocurrido en la historia de Venezuela. La inversión tenía un componente importado; gran parte de las importaciones eran principalmente bienes de capital.

—De no ser porque a través del endeudamiento aumentó el ingreso de divisas hubiese sido necesario colocar un control de cambio en 1978. ¿Ese desequilibrio no lo veían como una luz de alarma en el tablero?

—No, porque estaba programado. Tanto es así que los créditos se discutieron en anticipación al hecho. No fue que los créditos se buscaron cuando apareció el déficit; los créditos ya estaban aprobados por el Congreso de la República.

Inmediatamente se fue al mercado de capitales y se lograron buenos descuentos. Si esa filosofía no se hubiese aplicado, el Metro de Caracas hubiese tenido una sola línea. Se planificó antes y por eso se construyeron todas las líneas programadas.

—En 1978 usted ya no está al frente del Ministerio de Planificación.

—Salí en 1977, pero formaba parte de la comisión de finanzas del Congreso y el presidente siempre me consultaba.

—Lo comento porque en 1978 hay una desaceleración importante del crecimiento.

—Fue una desaceleración producida por el Estado porque había un congestionamiento, presión sobre recursos físicos, cemento, entre otros, y no teníamos cómo liberar recursos que fueran a los programas básicos. Allí sí hay una discusión que vale la pena: si se va al control cambiario y un impuesto progresivo sobre las clases más ricas, habría habido suficientes recursos para no ir al endeudamiento, pero ¿estaba el país en condiciones de ir a un control de cambio en un año electoral? ¿Se hubiese aceptado el control de cambio? ¿No mantener la paridad del bolívar?

—Se quería mantener un tipo de cambio fijo a la vez que subía mucho el gasto y las importaciones.

—Porque la filosofía nuestra era mantener el tipo de cambio, la filosofía de la socialdemocracia venezolana, de que el tipo de cambio tenía que ser un tipo de cambio fuerte. Betancourt siempre estuvo en contra de la devaluación como mecanismo para estimular las exportaciones. Con la moneda devaluada en Venezuela inmediatamente suben los precios, los gastos del Gobierno, se intensifica el déficit fiscal y hay más inflación, con lo que la sobrevaluación regresa. Es como tratar de agarrarle las cuatro patas a un morrocoy.

—Se sobrevalúa la moneda, pero quieres mantener congelado el tipo de cambio, no devaluar; entonces se disparan las importaciones hasta niveles que comienzan a generar problemas.

—Pero con la devaluación el déficit fiscal se magnifica y la sobrevaluación es un proceso intermitente. Si devalúas resuelves el problema por unos meses nada más.

—Entonces, si devalúas tienes más inflación, pero si no lo haces tienes un déficit en la balanza de pagos porque las importaciones crecen demasiado. ¿Qué se pensaba hacer?

—La esperanza nuestra era que con las exportaciones de aluminio, acero, se iba a mejorar el ingreso de divisas. Desde la Corporación Venezolana de Guayana (CVG) se llegaron a exportar 5 000 millones de dólares. Eso eran cinco veces el valor de las exportaciones de petróleo en 1960.

—Las metas de producción previstas para la Corporación Venezolana de Guayana no se alcanzaron y hubo muchos problemas operativos. ¿Por qué cree que sucedió eso?

—La única forma de que las empresas hubiesen podido mantener sus metas era vender, pero no pudieron hacerlo por la recesión que crea el gobierno de Luis Herrera. El déficit no es creado en condiciones de expansión de la economía y, a pesar de eso, después vendieron hasta 4 000 millones de dólares. A fines de 1960, Venezuela exportaba mil millones de dólares en petróleo. El problema es que si tú encadenas la expansión de la economía no hubiese habido déficit de las empresas; pero si las paralizas y tienes que mantenerlas, se crea un déficit.

—**Se pensaba que la capacidad del aluminio llegaría a 400 000 toneladas pero entre 1979 y 1982 produjo 40 % de esa capacidad.**

—Porque estaba el problema de la producción interna. Esas empresas tenían que abastecer al sector privado, pero ¿quién estaba invirtiendo en Venezuela durante el gobierno de Luis Herrera para procesar aluminio?

—**Autores como Robert Auty critican que en el plan industrial de Venezuela no había suficiente participación extranjera, a pesar de que no se tenía la pericia para llevarlo a cabo, sobre todo en el campo del aluminio.**

—Nosotros sabíamos que la capacidad venezolana era suficiente para instalar las plantas. Es posible que el error que cometimos fuera no haber dado contrato de operación de esas empresas a grupos extranjeros que cobraran su participación en los rendimientos correspondientes y posiblemente con participación accionaria.

—**¿Con Sidor no se sobreestimó el mercado nacional e internacional?**

—No, plantéame ese debate con la economía creciendo al promedio de 1974-1977; plantéamelo allí, porque si lo planteas con el crecimiento de Venezuela después de este período, claro que estaba sobredimensionado porque nadie pensó que Venezuela, con esa capacidad, no iba a utilizarla. Se presentó una crisis por un error de interpretación en el gobierno de Luis Herrera, según el cual la economía estaba sobredimensionada y tenía exceso de capacidad. Si nosotros hubiésemos puesto la economía a crecer a la misma tasa de 1974-1977, cuánto se hubiese consumido de acero, de hierro, cuánto cemento cuántas cabillas se hubiesen necesitado; pero esa economía de 1980 no tiene nada que ver con el crecimiento potencial del país.

—**¿Por qué es un error el recorte de gasto que hace el gabinete económico de Luis Herrera al llegar al gobierno?**

—Ellos dijeron que el país estaba hipotecado y que había que implementar un ajuste. Lo dijo Pérez Alfonzo, lo dijo Úslar Pietri y la gente termino creyéndolo. Se partió de un diagnóstico equivocado. ¿Quién le dijo a Luis Herrera que tenía que bajar el gasto, cuando más bien tenía que meter más gasto? Sucedió que quienes tenían excedentes ya no necesitaban invertir. ¿Para qué iban a invertir si el Gobierno bajaba el gasto para disminuir el crecimiento de la economía? En ese momento, como no hay control de cambios, comienzan los agentes económicos a cambiar los bolívares a dólares. Ninguno de los que defendió eso aparece ahora; no los encuentras para que repitan el argumento.

—En 1978 estaba recalentada la economía.

—Los proyectos estaban entrando en producción en ese momento. Lo más apropiado no era hacer lo que se hizo, sino ir a una administración de los recursos cambiarios para que la gente no se volcara a la exportación de capitales y a una reforma fiscal que redujera el consumo de las clases altas, no del Estado, que tenía una de las tasas de ahorro más altas de toda su historia.

—¿Luis Herrera ha debido tomar la medida del control de cambio mucho antes de febrero de 1983?

—Si lo establece no se produce la fuga de divisas. Allí están mis declaraciones, la necesidad del control cambiario como una manera de desatar el proceso de crecimiento, como Carillo Batalla le recomendó a Betancourt.

—¿Por qué había que colocar un control de cambio?

—Para contener la sangría.

—¿Por qué había una sangría?

—Porque si los empresarios no saben qué hacer con el dinero se lo llevan. El error de política monetaria es tener libertad cambiaria y controlar la demanda. Entonces el sector privado no necesita invertir y comienza la fuga de capitales; por eso en ese momento había que trancar la salida. ¿Por qué no hubo sangría en los años anteriores cuando hubo expansión en los primeros cinco años?

—¿Llegar a un proceso donde se hace inevitable un control de cambio no demuestra que había indigestión en la economía?

—Esa indigestión fue un argumento que preparó las condiciones, no para la indigestión, sino para la depresión. No hubo indigestión en ningún momento determinado; no se planteó. ¿Hubo una inflación galopante? ¿Fuga de capitales mientras el plan se estaba llevando a cabo? El plan se frena cuando Luis Herrera dice que este era un país hipotecado, algo que es incierto. ¿Qué estadísticas, qué expertos? Capricho, por joder, inocentemente, porque ese era un hombre honorable. Yo fui compañero de calabozo de Luis Herrera.

—**Mirando hacia atrás con la ventaja que otorga hacerlo ahora, ¿qué errores cree que se cometieron en el Gobierno de Carlos Andrés Pérez?**

—Es muy difícil preguntarle al responsable de la política cuáles errores cometió, porque tú tienes el cerebro preparado para decir que no los cometiste, pero son preguntas válidas. Hay algo que podríamos llamar un error, que no es solo del Gobierno sino de la sociedad de la cual el Gobierno forma parte. Si se hubiese establecido una administración cambiaria y se hubiese reformado el sistema fiscal... porque teníamos un Estado dándoles dinero a los privados y los privados gastando como marinos borrachos. Pero si yo hubiese planteado el control cambiario, como jefe del gabinete económico, ¿el país hubiese aceptado el control cambiario en esa época? ¿Si hubiese planteado una reforma fiscal para controlar el consumo de las clases medias altas y ricas, se hubiese aceptado?

Vamos a hablar de la cobardía institucional del sistema. Los gobiernos no son libres de la sociedad donde operan y la interacción es complicada. Pero si no hubiesen existido esos obstáculos, lo mejor habría sido una administración cambiaria y una reforma fiscal, para contener el consumo excesivo de los grupos más acomodados.

—**¿Por administración cambiaria se refiere a tener un control de cambio desde el comienzo?**

—Absolutamente, una administración de las divisas. Pero no se la hubiese podido vender al país. Eso no quiere decir que no fuera correcta y que no ha debido hacerse.

—**¿En 1974 hablar de control de cambio hubiese sido un pecado?**

—Exactamente, a eso me refiero.

—**¿Qué otra cosa se ha podido hacer diferente y no se pudo por ese entorno institucional o cultural?**

—Hay un error que cometen los gobiernos y los que están buscando la presidencia. Creen que un período de gobierno es una etapa para hacer todo lo que hay que hacer. El V plan de la Nación era un plan de proyectos básicos. Los que dicen que estábamos modelando una nueva nación están equivocados. Cinco años no son nada, se te va el tiempo.

Miguel Moreno fue la eminencia gris de la dictadura militar que derrocó a Rómulo Gallegos. Yo lo conocí muchos años después y nos hicimos amigos. Me llegó un día estando yo en Cordiplan y me dijo:

«Mire, ministro, usted puede fracasar en este cargo»; yo le dije: «coño, Moreno, yo pensaba que venía a jalarme y me sale con eso». Me contesta: «le voy a contar algo; no le meta tanto al país al mismo tiempo, que no tiene capacidad para absorberlo».

—¿No hubiese sido mejor hacer menos cosas a la vez?

—Eso fue lo que hicimos, nos dirigimos a los planes básicos de la nación; más nada.

Luis Ugueto, ministro de Hacienda durante el gobierno de Luis Herrera Campíns, 1979-1982.

—De acuerdo con Gumersindo Rodríguez, el gobierno de Luis Herrera inicia su gestión con un recorte de gasto público que es el detonante de la crisis. ¿Qué opina?

—Él está completamente equivocado. Cuando nosotros llegamos, los proyectos de inversión estaban no solo atrasados en los pagos del Ejecutivo a los contratistas, sino que no había tesoro. Tuvimos que iniciar nuestra búsqueda de crédito externo, básicamente para refinanciar las deudas que tenía el sector público.

Se estaba sobregastando, el tesoro estaba agotado, la escasez estaba presente junto a una gran presión inflacionaria. Durante el gobierno de Carlos Andrés Pérez habían controlado precios y el país tenía inflación represada y, además, recuerde que el Banco Nacional de Descuento (BND), la tercera entidad financiera del país, fue intervenido poco tiempo antes de que nosotros asumiéramos el Gobierno. Era un cuadro nada fácil.

Cuando se anuncia que Luis Herrera gana las elecciones, me llama Luis José Silva Luongo, ministro de Hacienda del gobierno de Pérez, y me dice que tiene que intervenir el BND. A la mañana siguiente voy a hablar con Luis Herrera. Ese día dejé de tutearlo. Le cuento lo que me han informado y me indica: «Nosotros no estamos gobernando. Yo soy presidente electo pero no en ejercicio, cuidado y nos pasan la crisis».

Luis Herrera me nombra como su primer comisionado y mantenemos contacto directo con Silva Luongo quien, al final, concreta la intervención. Comenzamos el Gobierno con el tercer banco más grande de Venezuela intervenido.

—**En 1979 ya había una evidente sobrevaluación de la moneda. ¿Por qué cuando los precios del petróleo suben no se hace un deslizamiento suave del tipo de cambio?**

—El problema que teníamos es que la subida de los precios del petróleo fue tan brutal que estimamos que si soltábamos el cambio –porque lo pensamos mucho y lo hablamos–, iba a producirse una revaluación muy fuerte del bolívar. La primera reacción hubiese sido el tipo de cambio bajando desde 4,30 bolívares hasta 3 bolívares. Lo pensamos y lo discutimos, pero por temor a una revaluación del bolívar, mantuvimos el tipo de cambio.

—**Pero se ha podido mantener un tipo de cambio fijo deslizándolo lentamente.**

Voy a decirle algo para que vea lo difícil que puede ser evaluar la situación en un momento dado. Vino al país una delegación del Banco Mundial para hacer una exposición sobre el futuro de los precios del petróleo. Luis Herrera hace la reunión con él presente, una mañana entera.

El Banco Mundial proyecta crecimiento interanual en los precios del petróleo, una tendencia al alza. Cuando oímos eso, respiramos y dijimos: tranquilos, porque durante los próximos 20 años la tendencia es al alza, como ha sido cuando se observa el precio del petróleo a largo plazo; pero tuvo una caída previa. La visión a largo plazo era acertada, pero no a corto plazo, con lo cual nosotros bajamos la guardia. Dijimos: no nos preocupemos por los precios del petróleo, y entonces no hicimos que flotara la moneda porque pensábamos que iba a revaluarse.

Luego el petróleo colapsa, se nos tranca la capacidad de renovar el financiamiento, nos cortaron el crédito y vino el Viernes Negro.

—**¿Influye mucho la crisis mexicana en que los bancos extranjeros decidan dejar de prestarle a Venezuela?**

—El gatillo de la crisis en la región es el anuncio de que México no puede pagar. Pero le voy a contar una historia fundamental. Cuando veo que se nos está cayendo la capacidad de financiamiento le digo al presidente que voy a ver qué está pasando. Salgo para Nueva York, Londres y me reciben los CEO (funcionario de máxima jerarquía) de cada uno de los bancos, Morgan, Chase, y quien más me impresionó fue el presidente del Morgan, entidad financiera que consideraba la más seria.

El presidente del Morgan me dice: «a ustedes les van a cerrar los préstamos porque están sobreendeudados y los precios del petróleo se han debilitado. Esa baja del petróleo no la aguantan».

Busco armar un *jumbo*, como se le decía en aquella época (crédito otorgado por varios bancos); no tan grande, buscando unos 800 millones de dólares, y cuando estamos listos para cerrar me informan que los bancos ingleses se retiran todos del préstamo. ¿Fue una decisión comercial o política?

Eso fue justo después de la invasión de los ingleses a las Malvinas y Venezuela apoyó a los argentinos. Eso enfureció a Inglaterra. Obviamente hubo un acuerdo entre los bancos ingleses y dejaron sin fondos el préstamo. Entonces la opción era tomar el préstamo a la mitad, con lo cual el efecto público era terrible; significaba que Venezuela ya no podía levantar fondos. No tomamos el préstamo. Nunca he tenido una respuesta cierta a este episodio por parte de los ingleses.

—¿Por qué renuncia al Ministerio de Hacienda en diciembre de 1982?

—Tratamos de aguantar la situación. No teníamos acceso a la banca porque, después de que se cae el préstamo por la actitud de los bancos ingleses, Japón tampoco quiso darnos dinero. Cuando fui como deudor a Japón fue uno de los viajes más terribles que he tenido en mi vida. Cuando era acreedor era una especie de príncipe.

En ese momento, el presidente me llama. Se hacían los gabinetes a las once o doce de la noche para que la prensa no se enterara. Propone el presidente que, como el Banco Central se quedaba sin reservas, quieren quitarle los dólares a PDVSA. Obligar a PDVSA a colocar sus divisas propias en el Banco Central para que el Banco Central pudiera utilizarlas.

Se habían ajustado las tasas de interés, pero no habíamos ajustado el tipo de cambio. La culpa de nosotros es haber mantenido el cambio. Si nosotros hubiésemos dejado flotar la moneda cuando teníamos la crisis, no antes de que se hubiera revaluado, habríamos tenido menos fuga de capitales, la enorme salida de fondos; era evidente que el bolívar estaba sobrevaluado. Eso no se planteó, sino quitarle los depósitos de divisas a

PDVSA, una empresa de primera, y pasárselos al Banco Central. Dije: yo no firmo.

—Pero tenía lógica reforzar las reservas internacionales.

—No con las reservas de PDVSA. La cosa no era seguir aguantando el tipo de cambio a 4,30 bolívares. Se necesitaba una medida de ajuste que nadie quería tomar.

—¿Por qué, si ya era evidente que no había más salida?

—Porque se creó el fetiche de que hacerlo era malo. Luis Herrera tenía esa tradición monetarista, al igual que Caldera; una visión casi religiosa de la estabilidad de la moneda.

—¿No le hicieron ver al presidente que de todas formas se iba a quedar sin reservas internacionales?

—La relación entre Díaz Bruzual y yo era tan mala que yo no estaba informado de cómo estaban bajando las reservas del Banco Central, de forma que eso me tomó por sorpresa. Yo me opongo a lo de PDVSA bajo la suposición de que el ministro de Energía y Minas me iba a apoyar y resulta que se cayó la boca. Entonces, Luis Herrera me pregunta: «¿quiere decir que usted no firma, que sale del gabinete?». Le digo: «yo salgo del gabinete».

Surge el problema de que si en aquel momento el país se enteraba de mi renuncia la salida de capitales empeoraría. Decido viajar y me montan en un avión de Viasa, a escondidas. Entro por una puerta distinta, no por donde ingresan los demás pasajeros, y me sientan en primera fila para que nadie me vea.

Viasa era administrada por la familia Boulton, dueños de Avensa, empresa donde yo había trabajado. Además, Henry Boulton y yo estábamos casados con dos primas hermanas. Cuando llego al hotel en Nueva York, suena el teléfono. Es Boulton y me dice: «Luis, ya sé que renunciaste»; le contesto: «cuidado con hablar».

Es diciembre de 1982. Entonces viene Arturo Sosa al Ministerio de Hacienda, quien lo que ha debido hacer, insisto, es dejar flotar la moneda. Así el ajuste habría sido hecho por fuerzas económicas y no por decisiones políticas; lo que pasa es que eso era totalmente ajeno a nuestra mentalidad política. Cuando los adecos lo hicieron durante la época de Miguel Rodríguez, crucificaron a todo el mundo.

—¿Por qué tenía tantos enfrentamientos con *el búfalo*, con **Leopoldo Díaz Bruzual?**

—En el caso del búfalo, con quien yo peleé todo el tiempo, él era una persona que tenía un carácter muy abrasivo, muy difícil. Eran problemas desde el punto de vista personal. En materia económica teníamos el mismo tipo de esquema, menos trabas, más libertad; teníamos eso muy claro.

—**Durante el discurso de toma de posesión, Luis Herrera habla de que recibe una Venezuela hipotecada. Luego Miguel Rodríguez realiza un estudio donde señala que el gobierno de Carlos Andrés Pérez deja activos en el Fondo de Inversiones, reservas de** PDVSA, **Banco Central, que son prácticamente iguales a la deuda. Es decir, en términos netos no hay un endeudamiento del país.**

—Eso no es cierto. Había una deuda no registrada que era enorme. El caso del Instituto Nacional de Obras Sanitarias (INOS) es una muestra de esto. Tenía una deuda que prácticamente lo paralizó. Le inyectamos el capital, le cancelamos toda la deuda y al día siguiente me informa el ministro encargado que encontró un hueco secreto, gigantesco, del mismo tamaño de lo que habíamos cubierto. Allí puedes ver lo descontrolada que estaba la situación a consecuencia del sistema del leopoldismo, una modalidad creada por Leopoldo Sucre Figarella durante el gobierno de Rómulo Betancourt. Ponía a los contratistas del Estado a utilizar su capacidad crediticia para continuar las obras. Los bancos financiaban al contratista porque había la tradición de que el Estado pagaba.

—**La deuda sigue aumentando en el período de ustedes.**

—Casi la totalidad de la deuda que contrajimos fue para recapitalizar a las empresas del Estado, que tenían el problema de que no las dejaron ajustar sus tarifas. Por ejemplo, al INOS podías cancelarle la deuda, pero mientras no lo dejaran cobrar más caro no podía funcionar. Guayana no podía funcionar porque no ajustaba sus precios. Todas las empresas del Estado operaban con precios regulados. Tramitaban financiamiento que no registraban ante el Ministerio de Hacienda y por eso comenzó a acumularse una deuda no registrada que hizo que nos comiéramos la capacidad de endeudamiento del Estado para dotarlos del capital. El préstamo que contratamos al llegar, el más grande que hicimos, fue para recapitalizar las empresas del Estado.

—¿Nunca se decide sanear a fondo esas empresas?

—Yo le digo a Luis Herrera y él me lo acepta: «Presidente, nosotros sin disciplina del sector público no podemos arreglar esto». Contesta que tengo razón y él mismo organiza una reunión con todos los presidentes de las empresas del Estado. Les decimos: tienen terminantemente prohibido contratar préstamos sin autorización del Estado.

Inmediatamente me voy a Nueva York y voy a visitar al Morgan y, cuando voy saliendo, el jefe del departamento latinoamericano me dice: «mira, aquí están unos venezolanos». Iba saliendo el presidente de Corpozulia, que estaba contratando un préstamo en contra de la instrucción que había recibido.

Nosotros no sabíamos el monto real de las deudas de las empresas, como el INOS, porque no estaban registradas.

—No estaban registradas cuando llegan pero continuó el proceso.

—Siguieron con la costumbre de hacerlo sin decírnoslo. No estaban registradas en sus libros; sus libros no estaban auditados. Cuando me llama la Contraloría para decirme que han encontrado un desfase entre la deuda externa de una empresa del Estado, a mí me lo preguntan los periodistas y no me atrevo a contestar. Me comunico con el contralor y me muestran las deudas no registradas en los libros. El sector descentralizado siguió endeudándose, negociando directamente.

—¿En qué año ocurre este episodio?

—Estamos hablando de 1982. Entonces las cifras de deuda nuestras estaban malas porque no estaban registradas. Es lo que te relaté del INOS. Había un enorme desorden de cuentas, con lo cual no tenías cifras firmes. Auditar una empresa del Estado era desconocido. Las empresas no permitían que los auditores en verdad observaran la realidad de las empresas.

—¿El Estado perdió el control?

—Le cambiaron la escala de un solo golpe durante el gobierno de Carlos Andrés Pérez; se desbordó. Los funcionarios encuentran que la mejor manera de manejar la tutela política es no dejar que los políticos sepan qué es lo que están haciendo.

—¿Nunca se plantea una reforma tributaria, para disminuir la necesidad de endeudamiento?

—No teníamos mayoría parlamentaria. ¿Le iban a dar más renta al Gobierno?

Maritza Izaguirre, ministra de Planificación (Cordiplan) en el período 1982-2 de febrero de 1984, durante el gobierno de Luis Herrera Campíns.
Conoce muy de cerca el petro-Estado venezolano. Formó parte del gabinete económico que, en medio de la tormenta, discutía acaloradamente mientras el presidente de la República, Luis Herrera Campíns, se mostraba incapaz de tomar decisiones. Ahora, con la calma que proveen los años, mira hacia atrás para recordar aquellos días con sentido crítico. Fiel a sus preceptos, asume el tono de profesora y ordena esta conversación, analizando la semilla de la crisis.

La Gran Venezuela tiene una visión estatista. Somos estatistas porque el recurso del petróleo le ingresa al Estado, que por ello se siente muy poderoso para llevar adelante la idea con la que nos educaron, que básicamente podríamos resumirla en que el país posee abundantes recursos naturales con los que puede construir una base industrial donde el sector público hace la gran inversión y luego establece un conjunto de reglas para que participe el sector privado.
La planificación en Venezuela se construye a partir del diagnóstico que Celso Furtado hace en los años cincuenta. Este trabajo indica que contábamos con diez millones de habitantes y un ingreso muy apreciable que superaba al de los países mediterráneos. Pero como, evidentemente, la población aumenta, se requiere una estrategia adecuada para capacitarla, entrenarla y darle empleo. Para eso usted tiene que comenzar a planificar a mediano y largo plazo y allí se montó la estrategia de Guayana, las industrias básicas. Desde el punto de vista monetario, esto se soportaba en un dólar barato que permitía importar bienes de capital.
El nivel de demanda inicial de las industrias básicas son las altas tasas de crecimiento de los años cincuenta. Es la época de la construcción de Caracas. Ahora, en los años en que no tienes el mismo crecimiento, necesitas exportar y allí surgen dos problemas: la sobrevaluación de la moneda y los altos costos de mano de obra, porque los excelentes beneficios que otorgaba la industria petrolera establecieron un piso elevado para los salarios.

Entonces, estos grandes programas de inversión pública, como el Plan Cuatro de Sidor, están visualizados para una economía que crece y crece, sin prever que de repente la cosa se cae, como ocurrió a finales de los setenta. Otro aspecto importante es que, para concretar los proyectos, el país tuvo que endeudarse y lo hizo principalmente a corto plazo. Se trataba muchas veces de acuerdos verbales. Como nuestro récord era impecable, el ministro llamaba a Nueva York y pedía un pagaré. El único país donde el desarrollo industrial se basó en endeudamiento de corto plazo es Venezuela. Lo normal es acompañar el financiamiento con tiempo para que la fábrica comience a generar productos, recursos y tenga cómo cancelar la deuda, pero lo nuestro fueron acuerdos verbales. Como teníamos un excelente récord y riqueza petrolera, se levantaba el teléfono y se le pedía a un banco extranjero un pagaré a 5 % o 7 %. Cuando la Reserva Federal subió las tasas de interés porque la inflación en Estados Unidos estaba muy alta, la tasa pasó a 18 % en seis meses. Nunca se previó que esto podía pasar y como la idea es que había altos ingresos, un precio del petróleo alto que podía financiar los grandes proyectos, no hubo preocupación por la ejecución y el montaje, por precisar ¿cuándo es que esto comienza a producir?

—¿Considera que los proyectos de inversión que inicia el gobierno de Carlos Andrés Pérez, que se engloban bajo el término de La Gran Venezuela, cambian la dimensión de la economía en muy poco tiempo?

—Hasta ese momento nuestra historia era de oscilaciones pequeñas en los precios del petróleo. El problema viene cuando se disparan en 1974. El exceso de recursos, por ejemplo, duplica el presupuesto de educación. ¿Qué hace el ministro? Eso rompió la vieja tradición de diez o doce años en que el proceso era gradual. De pronto cuentas con un ingreso muy elevado sin darte cuenta de que no tienes el aparato público para acompañar un programa de inversiones tan agresivo.

Comenzó el deterioro de la administración pública. Por ejemplo, en el Ministerio de Obras públicas y el INOS los ingenieros se fueron y montaron empresas consultoras, debilitaron el Estado, se perdió capacidad de gestión.

—¿Cómo interpreta la salida de divisas que precede al Viernes Negro?

—El problema de la sobrevaluación del bolívar. Hablabas con un industrial y te decía «¿cómo crees que podemos competir con un dólar a 4,30 bolívares?». Pedían que se fuese sincerando la situación del tipo de cambio. Ya a finales de los 70 y principios de los 80 ese era el comentario. Daba la impresión de que ya era demasiado tiempo con el dólar barato.

Otra cosa importante para entender esto y que creo que nosotros mismos no comprendíamos era el venezolano común, que tiene un fuerte componente migratorio (portugueses, italianos), que vienen con una cultura en donde alguna vez les pasó algo, alguien les atacó y les quitó. Entonces, cuando comienzan a ver situaciones de este tipo, tienden a proteger su patrimonio comprando moneda dura. Se adelantan porque ya lo vivieron en algún momento.

Recuerdo que un día le solicitamos al Banco Central el patrón de compra de dólares en la ciudad de Caracas. En esa época la gente llenaba un papelito para comprar las divisas. Lo primero que surgió fue que todo el mundo tenía nombres de próceres: Páez, Soublette, Sucre. Nadie se identificaba realmente. Dos, las compras se concentraban en las zonas comerciales de clase media. Se tiende a ignorar el fenómeno social que está ocurriendo a los alrededores; entonces eso fue una presión constante.

—En el gobierno de Luis Herrera ocurren decisiones difíciles de comprender. Por ejemplo, cuando el Banco Central baja las tasas de interés para estimular la salida de divisas.

—Eso nadie lo entiende. Era la lógica de Leopoldo Díaz Bruzual contra la opinión de todos sus técnicos.

—¿Había muchos enfrentamientos en el gabinete entre Díaz Bruzual, que estaba al frente del Banco Central, y Luis Ugueto en Hacienda?

—Había diferentes posiciones para salir de los problemas. Teníamos los del ajuste macho y los del ajuste paso a paso, que era el caso donde estaba yo. Y era una pelea terrible. Eso es antes del famoso Viernes Negro. Ya estamos en los 80-81, cuando ya no podías hacer más nada sino corregir. Políticamente aplicar un programa de ajuste tradicional era muy complicado porque tenías una población que había vivido siempre en una zona de confort. Esa zona de confort estaba dada por un dólar barato que le permitió satisfacer todas sus necesidades.

Creíamos que teníamos suficiente fuerza para irnos por un programa progresivo de corrección un poco más ajustado a las características de lo que era esta población. Eso se prolongó en tensiones entre el ministro de Hacienda y el presidente del Banco Central, porque el presidente del

Banco Central era más ortodoxo y los ministros de Hacienda tienen que sufrir los impactos políticos de una serie de cosas. Eso retrasó las medidas.

Recuerdo la fase final. *El búfalo* (nombre con el que se conocía a Leopoldo Díaz Bruzual) era muy complicado. Se llevaba a la gente por delante. Tenía desavenencias con Luis Ugueto y luego con el doctor Arturo Sosa, que un poco entra al Ministerio de Hacienda para aplacar estas cosas. El presidente escuchaba a todo el mundo y eran opiniones totalmente encontradas.

—Luis Herrera tardó mucho en decidir. ¿Por qué?

—Era un político de olfato, pero no estaba cómodo con el tema económico. No se me olvida jamás esa experiencia. A Luis Herrera le gustaba mucho trabajar en La Casona, que tenía corredores y una fuente. Llegábamos los ministros con los cuadros, las malas noticias, y de pronto el edecán se le acercaba para decirle que tenía una llamada telefónica de un embajador, y era visible que, encantado, se levantaba y salía un rato de aquella reunión, porque era un tema en el que no se sentía a gusto.

Llegar al final a decisiones tan duras fue desgastante y le costó mucho dar el paso. Pasaban los meses. Le decía: «Presidente, se están vendiendo 90 millones de dólares diarios; no podemos, nos vamos a quedar sin reservas internacionales –que fue lo que pasó al final– y no queremos ir al Fondo Monetario Internacional, porque implica un programa que no estamos en condiciones políticas de aguantar».

Al final se logró que nos fuéramos contra la ortodoxia, que decía corregirlo todo de un solo golpe. Decidimos un mecanismo con un control de cambio que luego sería un cambio dual, pero con la condición de que fuese transitorio. No podía durar porque, si permanece, se convierte en un foco de corrupción. Era la recta final del Gobierno. lo que más nos interesaba era terminar, ir al proceso de elecciones y que la inflación no se disparara demasiado.

En el gobierno de Lusinchi se mantuvo el control de cambio y vino la corrupción generalizada. Entonces, dentro de esta historia, también hay que ver que nosotros no hemos tenido presidentes a los que les interese el tema económico. Nuestros presidentes son los presidentes típicos que entran al partido a los 15 años, tienen buena formación, son abogados, pero eran el producto de la Venezuela estable, y no es fácil que comiencen en el ejercicio con problemas de tipo económico que no dominan, y sobre los que reciben opiniones de todo tipo.

—¿Qué otra característica recuerda de Luis Herrera?

—Luis Herrera era un hombre muy detallista. Yo me sentaba a su lado durante las reuniones y me decía «fíjate en los relojes». A medida que la gente progresaba cambiaba el reloj y los únicos que teníamos los mismos relojes éramos nosotros dos. Él los tenía mediditos; se daba cuenta. Sabía que el poder es pasajero y que debes tratar de ser lo más coherente posible con tus principios. En eso se mantuvo siempre igual.

—¿Pensó que la decisión de devaluar y colocar un control de cambio se convertiría en el famoso Viernes Negro?

—Creo que es la única vez en mi vida que no he dormido una noche. No podía dormir porque te entra el peso de la responsabilidad. Estás tomando una decisión que afecta a toda la población y es algo que tienes que asumir.

Francisco Faraco, asesor del presidente del Banco Central de Venezuela, Leopoldo Díaz Bruzual, durante el gobierno de Luis Herrera Campíns.

—De acuerdo con la visión de los funcionarios de Luis Herrera Campíns, la génesis de todos los males es el V Plan de la Nación. ¿En el fondo no era el paso más lógico bajo la mentalidad del petro-Estado, ampliar las empresas básicas y sembrar el petróleo?

—Voy a reivindicar la memoria de un colega, Iván Pulido Mora, director general del Ministerio de Hacienda durante los primeros años del gobierno del presidente Carlos Andrés Pérez. Cuando se presenta el primer borrador del V Plan de la Nación y comienzan a hacerse sobre la marcha, entre gallos y medianoche y botellas de whisky, cambios sustanciales en los montos de inversión, hasta llegar a cifras descomunales que suponían unos niveles de endeudamiento muy altos, Iván Pulido Mora no solo denuncia la situación ante el Comité Ejecutivo Nacional de Acción Democrática, sino que renuncia al Ministerio de Hacienda y afirma que lo hace porque en el V Plan había un monto inmanejable de endeudamiento. Era un proyecto pésimamente definido.

Pero en verdad, más allá del V Plan, lo que hay en Venezuela es una inyección brutal de recursos financieros. El crecimiento de la liquidez en esos años 75-76 es brutal; tan elevado que ya en julio de 1977 es necesario implementar un programa que llamaron de enfriamiento de la economía. En realidad, teníamos encima un problema cambiario; en 1977, ya la cuenta corriente de la balanza de pagos está generando déficit.

En 1978, que es el año de las elecciones, para posponer cualquier ajuste, el Banco Central hace algo insólito, similar a que una compañía de seguros vaya a una sala de terapia intensiva a asegurar de vida y de salud a todos los que están hospitalizados allí. Me refiero a que el Banco Central, bajo la presidencia de Benito Raúl Losada, creó los llamados *swap* cambiarios, es decir, unos contratos de garantía que en la práctica funcionaban así: las empresas pedían un crédito en un banco extranjero, por ejemplo, un millón de dólares, y los traían para vendérselos al Banco Central, que así subía las reservas internacionales. La empresa recibía los bolívares correspondientes a las divisas y un contrato de garantía que le aseguraba que, cuando tuviera que cancelar el préstamo, el Banco Central le iba a revender los dólares a 4,30 bolívares. De forma tal que, en 1978, el monto de los contratos de cambio es mucho mayor que el nivel de las reservas internacionales. Así se pospone el ajuste en 1978.

—¿El ajuste era inevitable en 1979?

—Cuando Luis Herrera asume la presidencia, evidentemente que es necesario un ajuste en la economía. En un gabinete económico que se celebró en la Cancillería, debió ser en marzo o abril de 1979, Leopoldo Díaz Bruzual plantea un ajuste cambiario o fiscal; Luis Ugueto (ministro de Hacienda) lo rechazó de manera airada, diciendo que había que continuar con los proyectos, y entonces vino la salvación, que llegó con turbante y batola: el ayatolá Jomeini.

Se disparan los precios del petróleo por la crisis en Irán y se pospone toda discusión sobre un ajuste en Venezuela. Al poco tiempo, en septiembre de 1979, yo acompañé a Leopoldo a la reunión del Fondo Monetario Internacional y el Banco Mundial que se celebró en Madrid y Yugoslavia. En Madrid, el presidente de la Reserva Federal de los Estados Unidos (FED), Paul Volcker, llegó en la mañana y, en la noche, salió para Estados Unidos de vuelta. Lo que se decía era que subirían las tasas de interés y, efectivamente, aumentó las tasas de interés hasta 20 %. Eso cortó la escalada inflacionaria en Estados Unidos pero fue una puñalada al cuello de países como Brasil, México, Venezuela, que estaban altamente endeudados.

De forma que la deuda que deja Pérez, de acuerdo con cálculos que yo realicé para el Banco Central, se duplica solamente por el hecho de que en el gobierno de Herrera los intereses se capitalizaron. No se pagaron los intereses; eran intereses sobre intereses. Así, la deuda que había dejado Pérez que, como dice Miguel Rodríguez en sus trabajos, estaba en torno a 15 000 millones de dólares, se transforma en una deuda de 30 000 millones.

—¿Por qué no se pagaron los intereses?

—Los reales se gastaron en proyectos, gasto público. El petróleo subió, pero también aumentaron las ganas de gastar. Fuiste a una situación donde había una economía que no se ajustó cuando había que ajustarla, que importaba más de lo que podía y, además, surge una fuga de capitales descomunal porque Estados Unidos había puesto las tasas al 20 % y aquí estaban reguladas.

—¿El gran negocio era comprar dólares baratos a 4,30 bolívares y colocarlos en un banco en Nueva York?

—Claro, aquí no quedó un cobre. El negocio era endeudarse en bolívares para comprar dólares y sacarlos. Además, aquí hubo cosas horribles, como los créditos agrícolas. Supuestos agricultores iban a los bancos, recibían préstamos a tasas de interés subsidiadas, porque así se trataba de impulsar la producción en el campo, y compraban dólares con esos bolívares.

—Leopoldo Díaz Bruzual baja las tasas de interés para drenar liquidez y controlar así la inflación. ¿Eso no incentivó la fuga de divisas?

—Leopoldo tenía muchas virtudes y muchos defectos y uno de sus defectos era un excesivo economicismo. Él era un fervoroso creyente de la teoría cuantitativa del dinero, según la cual la inflación es un problema monetario, producto del exceso de dinero en la economía. Lo que Leopoldo dice de manera apresurada es que no es malo que se vayan capitales, porque es un dinero que sobra en la economía.

—Pero se bajan las tasas de interés.

Las tasas de interés estaban reguladas y el Banco Central no podía hacer que superaran 12 % por el decreto-ley contra la usura. En segundo lugar, porque las cédulas hipotecarias, que financiaban a los bancos hipotecarios y donde tenían colocadas las reservas técnicas las compañías de seguros, reportaban 8 % de interés. Si subías las tasas de los depósitos a plazo y para el ahorro, matabas a la banca hipotecaria, que representaba 17 % del mercado. Eran cupones fijos y la banca hipotecaria mercadeaba eso diciendo que se compraban a la par y por taquilla. Todos los que tenían esos títulos habrían ido inmediatamente a pedirle al banco hipotecario que le comprara la cédula para luego meter el dinero en cuentas de ahorro o a plazo. Hubo que llegar al arreglo de que el Banco Central se chupara las cédulas hipotecarias y luego se pudo aumentar las tasas de interés.

—**La fuga de divisas continuó.**

—Llegamos a un momento que, a mi juicio, es clave. Cuando se plantea centralizar las reservas de PDVSA en el Banco Central, PDVSA manejaba sus divisas a su real saber y entender. Entonces se plantea que las deposite en el Banco Central para que aumenten las reservas internacionales. Luis Ugueto anuncia que, si eso se hace, él renuncia.

—**¿Por qué?**

—Bueno, cosas de rico. Efectivamente se toma la decisión, un mes tarde y, aunque se hubiese tomado antes, no servía para nada, porque el 29 de agosto de 1982, en el Hotel Plaza de Nueva York, Jesús Silva Herzog, ministro de Hacienda de México, convocó a la banca internacional para decirle que México no podía pagar. En ese momento detona la bomba de la deuda de los países del tercer mundo.

La segunda decisión clave es la intervención del Banco de los Trabajadores de Venezuela (BTV) que era una podredumbre, pero tenía 18 % de los depósitos del público. Eso aceleró la fuga de capitales.

Luego viene la tercera decisión, que es la designación de Arturo Sosa como ministro de Hacienda. Luis Ugueto se va, honra su compromiso de irse.

—**¿Qué ocurre con la designación de Arturo Sosa?**

—¿De dónde viene Arturo Sosa? Fue ministro de Hacienda en 1958 y pagó la deuda de la dictadura sin ningún tipo de examen. Dejó sin caja, sin bolívares ni dólares a la República. Era un hombre de quien ya se tenía una experiencia de que no velaba celosamente por los intereses de la Nación, que llegaba al poder para pagar deudas y sanear la situación de algunos sectores privados.

Venía de una entidad financiera y había hecho un gran negocio vendiéndole Cervecera Nacional al Banco de los Trabajadores de Venezuela por varios millones de dólares. En un principio, Arturo Sosa asume el Ministerio de Hacienda para tratar de manejar lo del BTV, pero se da cuenta de que el problema cambiario es mucho más grave de lo que imaginaba. En diciembre de 1982, las proyecciones que presentaban los equipos técnicos del Banco Central decían que no había manera de no ajustar el tipo de cambio.

Allí comienza a discutirse qué se hace. Se plantea que sin renovación de las líneas de crédito, de los préstamos de bancos extranjeros, no queda más que instrumentar modificaciones en la política cambiaria.

Efectivamente, la fuga de capitales continúa, pero ya era un desangramiento y Leopoldo logra convencer a Luis Herrera de que se ajuste la tasa de cambio a seis bolívares por dólar, además de decretar un control de cambios. Eso estuvo así hasta que el doctor Sosa se entera. Estaba en Londres porque hubo que hacer una cosa ridiculísima: ir de banco en banco a preguntar si Venezuela debía, cuánto debía y a quién le debía.

—¿No había registros confiables?

—No, porque Héctor Hurtado, como ministro de Hacienda de Carlos Andrés Pérez, dio vía libre para que todos los entes públicos se pudieran endeudar. Lo que había hecho el doctor Román Cárdenas durante el tiempo de Juan Vicente Gómez lo desbarató Héctor Hurtado en un segundo.

—¿Qué hace Luis Herrera al regresar Arturo Sosa de Londres?

—Regresa Arturo Sosa a Venezuela el 17 de febrero del 83. Era jueves. Entonces Luis Herrera se paraliza. Luis Herrera era un hombre que tenía inhibida la capacidad de decidir. La inhibición de Luis Herrera es tal que, si no hubiese estado obligado por el partido y las leyes a nombrar el gabinete, no lo nombra. Yo tuve amigos en el gabinete a quienes él llamó faltando horas para la juramentación. Era un gran político; lo respeto mucho, pero así como hay quienes no podemos matar a alguien, él no podía decidir.

El día que Luis Herrera ganó las elecciones, yo estaba en la quinta Belén en Altamira, frente a la Clínica El Ávila, que era donde estaba el comando de campaña. Yo le vi en los ojos a Luis Herrera un estado de perplejidad. Era un hombre con un alto sentido de la responsabilidad y él sintió la piedra que le había caído encima y creo que se dio cuenta de que esa piedra no era lo que él pensaba. Él ha sido el único presidente que entregó con alivio esa banda presidencial.

Arturo Sosa planteaba mantener el tipo de cambio en 4,30, pero con un control de cambios. Viene el viernes 18 y comienza un desfile de hombres de negocios, de banqueros, de economistas por La Casona. El domingo 20, como a las 10 de la noche, Luis Herrera le dice a Leopoldo que él, ante la duda, no pude decidir y Leopoldo le implora que no haga que cierren el mercado de divisas; que si lo cierran, cuando se abra va a haber una estampida. Pero Luis Herrera dijo que no decidía y hubo que cerrar el mercado de cambio. La gente no recuerda eso, pero aquí hubo que cerrar el mercado de cambio desde el domingo 20 hasta el domingo 27. Esa semana no hubo operaciones cambiarias.

—¿Cómo comienza a tratarse el tema de la deuda privada? Al final, los empresarios logran que les mantengan un tipo de cambio subsidiado para pagar sus deudas con bancos extranjeros.

Efectivamente, el problema de fondo era la deuda privada. Había una deuda privada real y una deuda privada asumida. Yo vi con mis ojos pagarés firmados el viernes 18 de febrero por importantes compañías venezolanas con la compañía del Citibank que operaba en Panamá. ¿Quién demonios que manejara una compañía importante en Venezuela iba a endeudarse en dólares el viernes 18 en la tarde?

Deudas asumidas, fingidas. Aquí había compañías que fugaron capitales y tenían pasivos. El pasivo lo tenía la compañía A y el activo la compañía B, pero el dueño era el mismo.

Está el efecto de personas que tenían supuestamente un pensamiento liberal; profesores de economía monetaria, que luego fueron presidentes del Banco Central, como Ruth de Krivoy, García Araujo, Felipe Pazos, que defendían la tesis de Arturo Sosa de reconocer la deuda privada.

Comienza a discutirse el tema. Al final, se impone la tesis del reconocimiento de la deuda privada al tipo de cambio existente, a 4,30 bolívares por dólar. Deudas que nunca pudieron auditarse.

—¿Leopoldo Díaz Bruzual aceptó esto?

—El domingo, en vista de que Leopoldo se negaba a firmar los convenios cambiarios en las discusiones, se logró que incluyeran la deuda neta y la auditoría. En esas condiciones, Leopoldo firmó.

El problema es que las auditorías las hacían los auditores y así como no se enteraron de la cantidad de bancos quebrados que auditaban, tampoco lo hicieron con las deudas fingidas. Se firman los convenios cambiarios y entonces Luis Herrera le pide a Leopoldo que se ausente unos días de Venezuela. Comienzan a llegar los grandes fraudes cambiarios.

—¿Se refiere a empresarios que obtenían dólares al tipo de cambio preferencial de 4,30 bolívares, que siguió vigente para la deuda privada y bienes prioritarios después de la devaluación?

—Yo vi, no es que me contaron, vi con mis ojos. El doctor Manuel Rodríguez Molina, primer director de Recadi, era cuñado de Pedro Pablo Aguilar. Esa fue su mayor credencial para llegar a Recadi, siendo que no tenía ninguna experiencia en eso. Vi de las primeras cosas aprobadas: unas órdenes para una compañía llamada Inversiones Guanabacoa, que importaba de Uruguay un millón de biblias, a 10 dólares cada biblia, y recibía 10 millones de dólares a 4,30 bolívares.

Esas estafas cambiarias fueron innumerables. Luego viene el manejo, dentro del propio Banco Central, de la directiva. A las entidades financieras les daban una cantidad de dólares a 9,95 para que los vendieran a 10,50 bolívares a sus clientes, pero eso nunca se vendió a 10,50. Esos se los repartieron entre los mismos banqueros. Había directores del bcv, como el doctor Heredia Peña, que sistemáticamente, en todos los directorios, preguntaban: ¿y los dólares para las entidades financieras?

Aquí lo que ha habido es una actitud enormemente irresponsable por parte de Carlos Andrés Pérez, una actitud inhibida por Luis Herrera y una actitud muy deshonesta por parte de personajes del Gobierno y el sector privado. A la República prácticamente se le expropiaron sus reservas internacionales.

III. ESCALOFRÍOS ACADÉMICOS

Si bien el Viernes Negro es una muestra de cómo un *boom* de elevados precios del petróleo paulatinamente migra del sueño de grandeza a la pesadilla más cruda, no es suficiente para explicar por qué durante los veinte años siguientes a este episodio Venezuela decae continuamente hasta convertirse en un caso de estudio para la ciencia económica.

Es cierto: cuando el petróleo brota de la tierra los países reciben beneficios y problemas. Se trata de un sector que crea muy pocos puestos de trabajo, tiene escasas relaciones con otras actividades y el ingreso de divisas abarata el dólar, complicando así la expansión de la industria, porque incentiva las importaciones y entorpece las exportaciones distintas al barril. Pero estas características también estuvieron presentes durante las décadas en que Venezuela fue un ejemplo de prosperidad.

No cabe duda, el petróleo le entrega al Estado el control de la economía. Los gobiernos son autónomos, no viven de los impuestos que cancelan los ciudadanos y surge un desbalance tal que la sociedad se organiza para captar renta pero, nuevamente, entre 1920 y 1970, estos males emergieron con fuerza y Venezuela elevó su calidad de vida velozmente hasta convertirse en el país más rico de Latinoamérica y alcanzar un ingreso per cápita superior al de muchos países europeos.

¿Cómo se explica el desastre que empobrece de manera continua a los venezolanos a partir de 1983 durante dos décadas y hace que por primera vez, desde 1920, los hijos vivan mucho peor que sus padres? Los economistas Jeffrey Sachs y Francisco Rodríguez tienen algo que decir al respecto en su trabajo *¿Por qué las economías abundantes en recursos naturales crecen más lentamente?* [1].

---

1   En Pineda y Sáez, 2006: 221-261.

Básicamente, utilizan un modelo econométrico para demostrar que, gracias al impulso proveniente del ingreso petrolero, el país superó la producción y el consumo de su «estado estacionario», que es como técnicamente se denomina al punto en el que las economías encuentran el equilibrio a largo plazo. Entonces, Venezuela se comportó como un avión que, gracias al motor del petróleo, alcanzó una altura superior a su nivel de equilibrio. Cuando este motor se avería, es decir, la renta petrolera comienza a caer, el avión desciende hacia el punto de equilibrio y el declive significa que Venezuela tiene que dejar de vivir por encima de sus posibilidades, lo que explica el empobrecimiento durante los años 80 y 90.

«Nuestro argumento aplicado a Venezuela es que el extraordinario desarrollo de la industria petrolera que se inició en 1914 con los descubrimientos de Mene Grande, y que para 1970 llevó a Venezuela a controlar 13 % del mercado petrolero mundial, concedió a este país la oportunidad de sobrepasar la producción y el consumo de su estado estacionario», de tal forma que «la economía convergerá hacia su estado estacionario desde arriba y mostrará tasas de crecimiento negativas en el período de transición», dicen Jeffrey Sachs y Francisco Rodríguez.

Precisan que ya a finales de los años 60 las exportaciones petroleras per cápita medidas en dólares y en términos constantes, es decir, lo que recibiría cada venezolano si el ingreso proveniente del barril se dividiera por igual y la capacidad de compra de las divisas se ajustara por la inflación, comenzaron a descender.

«Y no obstante la magnitud de los auges petroleros, para finales de la década de 1980 los ingresos petroleros per cápita ya habían caído por debajo de los niveles que tenían antes de la bonanza. Por lo tanto, es lógico prever, como de hecho observamos, que el PIB per cápita en 1990 fuera menor que en 1970. El auge petrolero de la década de 1970 y comienzos de la década de 1980 logró revertir esta tendencia, pero solo temporalmente», aseguran.

Reinier Schliesser y José Silva, en su investigación *La renta petrolera y el crecimiento económico de Venezuela*[2], utilizan el modelo econométrico

---

2   Documentos de trabajo del Banco Central de Venezuela, abril 2000.

de Robert Solow para resaltar que «en ausencia de progreso tecnológico la dinámica de inversión en capital físico (estructuras, máquinas y equipos por trabajador) determina el nivel de ingreso por habitante a largo plazo de una economía».

De manera que, una vez que la inversión comienza a declinar por la pérdida de impulso de la renta petrolera, el ingreso de los venezolanos inicia el declive. «La desaceleración en el ritmo de crecimiento del ingreso per cápita se explica, fundamentalmente, por el agotamiento progresivo de la renta petrolera, que ha debilitado […] la acumulación de capital físico».

¿Por qué cae la renta petrolera por habitante? Schliesser y Silva mencionan tres causas fundamentales. «La primera es el crecimiento de la población, que reduce los volúmenes de exportaciones petroleras en términos per cápita; en segundo lugar, el agotamiento de los yacimientos petroleros de más fácil acceso, luego de setenta años de explotación intensiva; y en tercer lugar, la tendencia a la reducción de la renta por barril, asociada a la utilización de nuevas fuentes de energía y al desarrollo de nuevas técnicas que han permitido la explotación de yacimientos petroleros en todo el mundo, antes no considerados comerciales por los altos costos que implicaba su explotación, haciendo al petróleo un recurso relativamente menos escaso».

El declive de la renta petrolera se traduce en que el Estado ya no podrá continuar facilitando en la misma magnitud la inversión privada a través de la venta de dólares baratos (sobrevaluación de la moneda) e impulsando la inversión pública; pero además, será la semilla para la inestabilidad que comienza con el Viernes Negro. Distintos gobiernos van a continuar la senda de devaluar la moneda para obtener más bolívares por los petrodólares, y así tratar de cuadrar el desbalance entre ingresos y gastos. A su vez, este mecanismo se tradujo en más inflación, al encarecer el precio de los productos importados.

Schliesser y Silva consideran que, de esta manera, se exacerbó la tendencia negativa de la economía. «Ante la disminución del principal factor de financiamiento del gasto público (la renta petrolera), el Estado recurrió a distintas políticas, como la devaluación cambiaria, lo cual se tradujo en la aparición de importantes desequilibrios macroeconómicos expresados, por ejemplo, en altas tasas de inflación. Desequilibrios que terminaron convirtiéndose en una nueva influencia perjudicial para el crecimiento de la producción».

Un aspecto importante de este trabajo es que analiza por qué Venezuela se dedica a acumular máquinas y equipos, pero sin alcanzar un avance importante en materia tecnológica. «La utilización de la renta en el financiamiento de la industrialización por sustitución de importaciones, proceso que en muchos casos dio lugar a la adquisición de tecnologías no adecuadas, y el desarrollo de proyectos de inversión atendiendo a criterios políticos, sin mayores consideraciones económicas, con el solo propósito de utilizarlos como mecanismos de distribución de la renta, pudieron haber influido en que el proceso de acumulación venezolano fuera poco generador de progreso tecnológico».

Las investigaciones de Asdrúbal Baptista, recogidas en su obra *Teoría económica del capitalismo rentístico*, señalan que, los años previos a la crisis, Venezuela vive una indigestión de inversión: el ascenso de la renta petrolera permitió que una masa excesiva de recursos se dirigiera a ampliar las máquinas y equipos disponibles para producir. El resultado es que se supera la capacidad que tiene la economía para generar la demanda requerida para mantener el equilibrio. Tampoco había la posibilidad de exportar, debido a la sobrevaluación de la moneda y la baja competitividad de las empresas venezolanas. Así, comienza el colapso.

A partir de 1976 «la acumulación de capital –maquinarias, equipos y estructuras no residenciales– comienza a acrecentar la capacidad productiva general de la economía a tasas muy aceleradas, sin que de modo simultáneo se cause la correspondiente contrapartida en la demanda del mercado», afirma Asdrúbal Baptista.

Ricardo Hausmann y Francisco Rodríguez aportan un nuevo elemento a la discusión en el trabajo *Why did Venezuelan growth collapse*, (*¿Por qué colapsó el crecimiento de Venezuela?*). Este enfoque esgrime que, aparte del descenso en la renta petrolera y el declive de la inversión, también hay que tomar en cuenta que el país no pudo desarrollar un sector exportador, distinto al petróleo, que le hubiese servido de estabilizador para mantener el crecimiento, precisamente por tener una economía altamente concentrada en el barril.

El planteamiento central es que la incapacidad de Venezuela para contar con exportaciones distintas al petróleo tiene que ver con que los países son más propensos a elaborar bienes que son similares a los que ya producen porque es solo de esta manera como pueden obtener ventajas de su patrón de especialización, del conocimiento técnico y sus arreglos institucionales.

De esta manera, algunos países tienen la característica de producir bienes similares a otros de gran valor y, por tanto, no enfrentarán mayores problemas en desarrollar nuevas fuentes de exportaciones. En contraste, otras naciones tienen el inconveniente de que muy pocos productos son similares a los que ya producen; tal es el caso de Venezuela y de muchos otros exportadores de petróleo.

Es así como puede explicarse que, a pesar de que el dólar dejó de ser barato después de las sucesivas devaluaciones que sufre el país a partir de 1983, las exportaciones no petroleras tienen un desempeño mediocre. El crecimiento anual de las exportaciones no asociadas al barril, en términos reales, es de 2,01 % al año, el tercero más bajo en una lista de 10 petro-Estados. Además, tres quintas partes de estas exportaciones corresponden a sectores como hierro, aluminio, es decir, materias primas como el petróleo.

Osmel Manzano y Roberto Rigobón abordan la crisis de los países ricos en materias primas, como el petróleo, desde otro ángulo en su trabajo «Maldición de los recursos o sobreendeudamiento»[3]. Consideran que todo se origina porque cuando aumenta el precio del barril, por ejemplo, es fácil endeudarse porque el alza en los ingresos mejora la capacidad de pago. No obstante, cuando el precio desciende, la deuda se torna muy pesada y las entidades financieras cierran el grifo del crédito. Venezuela calza perfectamente en este modelo si se analiza lo ocurrido antes y después del Viernes Negro.

Sostienen Manzano y Rigobón:

Si pensamos en la producción de productos primarios de un país como parte de su garantía, un alza de los precios disminuye la restricción del cré-

---

3   En Pineda y Sáez, 2006: 305-340.

dito, lo que permite a su gobierno aumentar su deuda externa. Durante la desaceleración de los precios y el posterior desplome, los países no pudieron obtener más préstamos y tuvieron que pagar parte de sus deudas. Al final, fue necesario realizar devaluaciones y tomar otras medidas de austeridad para equilibrar las cuentas corrientes, medidas que cobraron su usual tributo en términos de crecimiento.

IV. ESPECTROS Y VIERNES ROJO

Caracas, 5 de diciembre de 1998. El candidato a la Presidencia de la República, Hugo Chávez, concede una entrevista a Univisión horas antes de las elecciones que al fin, tras quince años conspirando y dos intentos de golpe de Estado perpetrados en 1992, le entregarán el poder. Desenvuelto, como si hubiese nacido en un estudio de televisión, mira a la cámara y pronuncia las palabras exactas, la respuesta perfecta para lograr el efecto deseado en una audiencia a la que conoce como nadie. Pero ellos, los televidentes, en verdad no saben quién es él. Están ante un hombre que hará lo que tenga que hacer y dirá lo que tenga que decir para mudarse y permanecer en Miraflores.

«Claro que estoy dispuesto a entregar el poder en cinco años; yo he dicho que incluso antes», afirmará sonriente al periodista Jorge Ramos y al poco tiempo comenzarán las maniobras para permanecer por siempre en la presidencia. «Basta con el medio que tiene el Estado, Venezolana de Televisión», y su gobierno contará con la más potente maquinaria propagandística de América Latina. «No hay intención de nacionalizar absolutamente nada» y empresas emblemáticas serán expropiadas. «Cuba es una dictadura» y establecerá con Fidel Castro una alianza sin precedentes[1].

Tan pronto empuñó las riendas del poder, Hugo Chávez no tuvo obstáculos para caminar sobre las ruinas de Acción Democrática y Copei, dos partidos desvencijados, sin ideas, que tenían en frente a una población agotada de empobrecerse desde el Viernes Negro. Sin embargo,

---

1   El video de la entrevista puede verse en http://noticias.lainformacion.com/mundo/erase-una-vez-cuando-chavez-llamaba-dictadura-a-cuba

para el nuevo presidente la prioridad es política, no económica; por lo tanto, maniobra para convocar a una Asamblea Nacional Constituyente y reformar la Constitución a fin de aceitar la maquinaria jurídica que requiere el nuevo proyecto.

Rápidamente, Chávez se muestra como un gran propagandista, marca a la oposición con el hierro candente del estigma «cúpulas podridas», difunde la imagen de sus candidatos en un cartón conocido como «el Kino», que logra concentrar el sufragio de sus partidarios, mientras que sus adversarios acuden a la contienda descoordinados. Así, con 53 % de los votos, logra dominar 93 % de los cargos. La Asamblea Constituyente será chavista[2].

Convencidos de que la palabra del líder rojo es la sanación para los años de sufrimiento, el 15 de diciembre de 1999, en medio de lluvias torrenciales que sepultarán bajo las aguas al estado Vargas, los venezolanos santifican, con el voto de siete de cada diez de quienes acudieron a las urnas, la Constitución de «la quinta República». Pero el nacimiento, si se observan las frías estadísticas, no ocurre con un baño de multitudes. Al fin y al cabo, 55 % de quienes han debido sufragar permanecen en sus casas, de tal forma que la piedra fundacional de la «revolución bolivariana» recibe la aprobación de solo 30 % de la población en edad de votar.

La Constitución es una fiel expresión del plan que estuvo oculto durante la campaña. Ante todo, el presidencialismo gana terreno y el mandato se extiende a seis años con reelección inmediata, es decir, el mismo Hugo Chávez que convenció a buena parte del país de que solo quería gobernar cinco años ya tenía en el horizonte un período de doce. Además, fulmina la intención de la Asamblea de establecer la doble vuelta electoral.

Se elimina el financiamiento público para los partidos políticos, lo que se traducirá en una oposición débil, sin recursos, y en un presidente sin obstáculos de ningún tipo a la hora de utilizar bienes del Estado durante las campañas electorales en las que buscará la reelección. El «candidato presidente» no tendrá contrapesos; en un país con instituciones enclenques, el ventajismo será total.

---

2   Sobre el sistema de votación ver Corrales y Penfold, 2012.

Hay más. El poder del presidente crece considerablemente porque obtiene la facultad de que el parlamento lo autorice a legislar sobre cualquier materia, no solo sobre temas económicos y financieros, como estipulaba la anterior Constitución. Esta licencia será utilizada activamente y, a través de cientos de decretos-leyes, Hugo Chávez irá confeccionando una madeja de normas de acuerdo con las circunstancias y los objetivos políticos a ser alcanzados en cada momento. Al mismo tiempo, se le otorga al primer mandatario la posibilidad de crear ministerios y organismos públicos que se multiplicarán para expandir la acción del Estado.

En el tema militar, también aumenta el mando del presidente, quien, además de ser el comandante en jefe, pasa a decidir sobre los ascensos militares, a partir del grado de coronel, sin necesitar el visto bueno del parlamento. Es decir, Hugo Chávez escogería a los oficiales de mayor rango de acuerdo con sus preferencias e intereses, algo que indudablemente tendría consecuencias.

El sociólogo Trino Márquez advirtió que este derecho concedido al presidente generaría un desequilibrio donde «la preocupación fundamental de los oficiales que quieran escalar hasta los mayores grados deberá consistir en complacer las exigencias de su comandante en jefe. Al colocar en el presidente de la República una decisión tan trascendente se personifica en el primer mandatario la obligación de lealtad y subordinación»[3].

El tiempo dirá que la intención siempre estuvo clara. Paulatinamente la politización de las Fuerzas Armadas avanzará a tal punto que generales tomarán partido públicamente a favor del proyecto del presidente y los militares aumentarán significativamente su presencia en cargos públicos al frente de distintos ministerios.

Las potestades de la institución militar se fortalecen notablemente. La Constitución no establece con claridad la subordinación al poder civil y desaparece el carácter no deliberante y apolítico de las Fuerzas Armadas; incluso reciben derecho al sufragio. Además se les otorga a los altos oficiales el beneficio de que, para ser enjuiciados, se requiere el pronunciamiento del Tribunal Supremo de Justicia sobre si hay o no méritos para el proceso. También tendrán un régimen de seguridad social diferente

---

3   Márquez, 2004: 64.

al contemplado para el resto de la administración pública y un sistema autónomo para el control de sus ingresos y gastos, que de ahora en adelante serán fiscalizados por un contralor surgido de la propia organización.

El ánimo de control del nuevo presidente no se limitó a la Fuerza Armada; requería tener bajo su mando todos los poderes públicos. Una vez aprobada la nueva Constitución a través del voto de los venezolanos, la Asamblea Nacional Constituyente argumentó que aún no había sido publicada en *Gaceta Oficial* y, por tanto, el 22 de diciembre de 1999, emitió el decreto de «Régimen de Transición del Poder Público» que convirtió a Hugo Chávez en caudillo.

El decreto contempló la designación provisional del Tribunal Supremo de Justicia, el fiscal general de la República, el Consejo Nacional Electoral y el defensor del pueblo a dedo, sin cumplir con lo previsto en la Constitución recién aprobada. «El régimen transitorio es un baldón que pesa duramente sobre el prestigio de la Constitución de 1999. Gracias a su aplicación, se desencadenó un proceso de apoderamiento de todos los poderes del Estado, y de manera especial de los poderes de control (el Poder Ciudadano y el Tribunal Supremo de Justicia), amén de la desconfianza generada en el Poder Electoral, garante de los procesos electorales que legitiman la democracia», afirmó el constitucionalista Ricardo Combellas[4].

El bipartidismo había muerto. El sistema en el que Acción Democrática y Copei negociaban para alcanzar acuerdos entre sí quedaba en el pasado. Ahora, un hombre, Hugo Chávez, tendría bajo su control todos los poderes públicos. Solo incondicionales al jefe ocuparán los cargos que resultan esenciales para asegurar el sistema de contrapesos en una democracia liberal.

LA CONFRONTACIÓN

La Constitución de 1999 cambia el nombre del país. La República de Venezuela pasa a llamarse República Bolivariana de Venezuela, algo que no es nada inocente. El primer movimiento político fundado por Hugo Chávez es el Movimiento Bolivariano 200 y desde un primer momento

---

4   Combellas, 2002: 12.

el presidente deja en claro que su partido es el «partido bolivariano». El constitucionalista Allan Brewer-Carías observó en aquel momento que el cambio en el nombre de la nación «pretende consolidar desde el primer artículo de la Constitución, la división del país, entre bolivarianos y los que no lo son; entre patriotas y realistas; entre buenos y malos, entre revolucionarios y antirrevolucionarios» y acertó por completo: la polarización del país será la norma.

Hugo Chávez relaciona su proyecto político con Simón Bolívar, una figura sagrada para los venezolanos; y sus opositores recibirán en sus cientos de candentes discursos calificativos como *escuálidos, oligarcas, vendepatria, pitiyanquis*. Dirá una y otra vez que él representa el regreso de Bolívar y, quienes se le oponen, las fuerzas que impidieron el sueño bolivariano. El 10 de enero de 2002 voceará a sus seguidores:

> ... porque los oligarcas de hoy son los mismos de ayer con otros rostros y con otros nombres y los bolivarianos de hoy somos los mismos de ayer con otros rostros y con otros nombres, pero somos los mismos luchadores por la independencia, por la dignidad, por la libertad y por la igualdad para nuestro pueblo; no podrán con nosotros. En esta ocasión sí es verdad que se les acabó el pan de piquito. Si en aquella ocasión traicionaron a Bolívar y lo expulsaron de Venezuela, y luego le metieron una bala traicionera a Ezequiel Zamora y echaron por la borda los sueños de un pueblo, ahora sí es verdad; será por eso que dice el dicho: a la tercera va la vencida[5].

El discurso de polarización encontró suelo fértil en un país donde la desigualdad y las diferencias de oportunidades se habían profundizado enormemente. La generación crisis tuvo que conformarse con menos a partir del Viernes Negro: empleos mal pagados en la economía informal, deterioro en la calidad de la salud y educación pública, ingresos en picada, poco futuro. El declive de la renta petrolera acabó con el Estado de bienestar de los años 70, el gasto social no perdió peso dentro del presupuesto de la nación, pero la torta a repartir era mucho menor y la inflación diluía la capacidad de compra de los bolívares destinados a hospitales y planteles educativos.

---

5   En Chumaceiro, 2003: 32.

Después del Viernes Negro, Venezuela fue incapaz de alcanzar el consenso necesario para instrumentar las reformas que requería la economía y el país se convierte en un paciente que recibe distintos tratamientos, todos a la mitad. Intentos de estabilización con controles (1983-1988), terapia de choque con tímidos pasos de apertura comercial (1989-1994), reacción contra el liberalismo y ensayos de acuerdos entre trabajadores, empresarios y gobierno (1994-1998).

La incapacidad para alcanzar la estabilización y reencontrar la senda del crecimiento es costosa. En la década del 70 el gasto en educación y salud, medido en cuanto al número de habitantes y descontando el efecto de la inflación, registró una expansión constante, alcanzado el cenit entre 1974-1977, pero luego comienza el descenso en los años 80 y 90, al punto que el desembolso de 1998 es un tercio del que hubo en 1977. Es la época en que «encontrar cama» en un centro hospitalario se convierte en una calamidad[6].

Muy lejos había quedado el país donde el ascenso social era la norma y, para los provenientes de una familia de bajos ingresos, la universidad, una beca para estudiar en el exterior, vivienda propia y vehículo no lucían inalcanzables. En 1982, el 60 % de la población se ubicaba en la clase media; en 1997 la relación había descendido hasta 33,1 % y 67,3 % vivía en condición de pobreza, producto de la caída generalizada en el ingreso, como señala Matías Ruitort.

> El crecimiento de la pobreza en Venezuela se debió básicamente a un efecto ingreso. Los ingresos reales cayeron casi en forma permanente y este fue un fenómeno generalizado que afectó a todos los estratos de ingresos. Las remuneraciones reales per cápita sufrieron una caída acumulada cercana al 45 % durante ese período. Hubo un empobrecimiento generalizado. El producto interno real per cápita se redujo en casi 23 %. Esto quiere decir que la disponibilidad de recursos a repartir disminuyó en forma importante. Por su parte, la distribución del ingreso permaneció relativamente estable, excepto en el período 1995-1997 cuando hubo un leve deterioro[7].

---

6   En García y Salvato, 2006.
7   Ruitort, 1999: 19.

La diferencia de calidad de vida entre una mayoría que padecía el deterioro de los servicios públicos y el fin de una era de oportunidades, con una minoría que mantenía el estatus generó el clima ideal para que con el chavismo regresara la politización de la desigualdad social[8]. Los sectores de menos recursos se identifican con el discurso de Hugo Chávez de buenos contra malos, de un pueblo saqueado por una oligarquía.

Poco antes de las elecciones de 1998, las encuestas señalan que Hugo Chávez captó la mayoría de los votos de la población pobre. En 2000, cuando compitió con Francisco Arias Cárdenas, los sectores de menos recursos también lo respaldaron abiertamente, al igual que en el referendo de 2004 y los comicios de 2006 y 2012[9].

En esta última elección los resultados oficiales muestran claramente la división social y política del país. En los municipios de clase media y alta, la población vota mayoritariamente en contra de Hugo Chávez, mientras que en los sectores de menos recursos la opción «bolivariana» resulta vencedora.

CONTROLAR LA RENTA

Desde el primer día en la Presidencia, Hugo Chávez convirtió a los pobres en el centro de la preocupación nacional y sepultó la inercia con la que el país convivió durante años con millones de hombres y mujeres sumergidos en una calidad de vida precaria. Progresivamente, el estrato de menos recursos sentirá que uno de ellos ha llegado a Miraflores para hacer justicia y derramar petróleo sobre las áridas tierras de la indigencia. La imagen del presidente irá mutando hacia la de un redentor y cuando la muerte lo alcance, el 5 de marzo de 2013, miles de los habitantes de los barrios de Caracas, campesinos humildes que viajan a la capital, trabajadores, soportarán hasta siete horas en una kilométrica fila para realizar una última reverencia frente a la urna y vocearán «al Panteón con Simón».

---

8   En Kennet, 2003.

9   La encuestadora Target Global Research indica que poco antes de las elecciones de 1998 Chávez había captado 45 % del voto de los pobres *versus* 32 % de Henrique Salas Römer e Irene Sáez. En 2000 los pobres apoyaban a Chávez en una proporción de 47 % contra 23 % según Keller y Asociados. En Kennet, 2003.

En la construcción del ídolo, del «comandante presidente» solo superado por Simón Bolívar de acuerdo con la historia que va tejiendo el chavismo durante catorce años, juega un rol estelar el control absoluto de la renta petrolera. Hugo Chávez llegará a manejar con entera libertad la chequera de petrodólares decidiendo cuándo, cuánto y a quién se le entrega, un dominio vital para un líder que no gobierna a través del consenso y viene a confrontar a los grupos de interés, porque el objetivo final es la permanencia en el poder y la construcción de un nuevo orden que barra por completo al sistema de conciliación de élites fundado por Acción Democrática y Copei. De hecho, la Constitución será renovada nuevamente para introducir la reelección indefinida[10].

Incrementar el tamaño de la renta y la discrecionalidad en su uso es prioritario para mantener la lealtad de la masa en medio de la agitación política que va a producirse; además, es la herramienta ideal para instrumentar planes que rápidamente introduzcan cambios en la administración pública. El proceso para domar a PDVSA será veloz y turbulento.

Durante sus primeros días como presidente, cuenta con un entorno muy desfavorable. Los países del este de Asia, Japón y Rusia sufren una crisis sin precedentes y la demanda de petróleo se desploma[11], de tal forma que, al cierre de 1998, el precio promedio de la cesta de crudos venezolanos se había ubicado en tan solo 10,57 dólares, la economía sufría una recesión y las cuentas públicas permanecían en rojo. Sin embargo, las cosas estaban por cambiar.

A pesar de la tormenta global, Estados Unidos vive la etapa de prosperidad más extensa de su historia contemporánea bajo la revolución tecnológica, la penetración de internet y distintas fórmulas de desarrollo empresarial que impulsan la productividad, mientras las acciones desafían las alturas y la Bolsa de Nueva York se convierte en una especie de hada madrina capaz de esparcir riqueza. Todo estaba dispuesto. Solo bastaba, como finalmen-

---

10   El 3 de diciembre de 2007 Hugo Chávez propuso una reforma de la Constitución que contemplaba, entre otros temas, la reelección indefinida. La reforma fue derrotada, pero el Tribunal Supremo de Justicia interpretó que lo concerniente a la reelección podía ser objeto de una nueva consulta que se realiza el 15 de febrero de 2009; en esa oportunidad Chávez logra su objetivo.

11   El crecimiento económico mundial se desaceleró a casi la mitad de lo registrado el año anterior, al pasar de 4,2 % en 1997 a 2,2 % en 1998, registra el Informe Económico del Banco Central de Venezuela.

te ocurrió, que Asia tomara una bocanada de oxígeno y Rusia saliera a la superficie para que la demanda de petróleo comenzara a repuntar.

Entonces, la estrategia de recortes de producción implementada por la OPEP, respaldada por Rusia, Noruega y México, surte efecto y el barril inicia la recuperación de forma sostenida, porque la demanda había dejado de superar la oferta. Venezuela, en el primer giro importante ordenado por Chávez, se había sumado de forma decidida a esta iniciativa, dejando a un lado el constante aumento en la extracción de barriles que llevó adelante la administración de Rafael Caldera. La defensa de los precios es la nueva prioridad[12].

Antes de que Hugo Chávez tomara posesión del cargo, Luis Giusti decide abandonar la presidencia de PDVSA, pero en altos rangos permanecen gerentes que comulgan con su idea de que lo más conveniente para el país es incrementar la producción, porque las pocas horas que separan a Venezuela de Estados Unidos le permiten colocar un gran volumen de barriles en el principal mercado del planeta. Además, al elevar la producción, aseguran, se crea un efecto positivo sobre diversas áreas de la economía, como la metalmecánica, que están muy atadas al desenvolvimiento del petróleo[13].

En el otro lado de la acera están quienes sostienen que lo más conveniente para el país es cumplir fielmente con los niveles de producción acordados en la OPEP y defender los precios. Para Hugo Chávez, este es el camino a seguir. Durante febrero y agosto de 1999 le entrega las riendas de PDVSA a Roberto Mandini, quien renuncia en agosto por conflictos de poder con Héctor Ciavaldini, miembro de la junta directiva, quien lo reemplaza. Al anunciar el nombramiento, Chávez señala que

> ... el nuevo presidente de PDVSA será Héctor Ciavaldini. En PDVSA hay un cambio estratégico, no ahora, sino desde el mismo 2 de febrero de 1999. Hemos cambiado una estrategia petrolera errónea que venía desarrollándose desde hace cierto tiempo por los gobiernos anteriores y que contribuyó al debilitamiento del precio del barril. Hemos anunciado ya el proyecto

---

12 En el último trimestre de 1999 los precios se ubican en 21 dólares. En 2000 se mantienen en un promedio de 26 dólares.

13 De acuerdo con un estudio elaborado por el economista Efraín Velásquez, bajo este criterio el petróleo no representa 17 % del PIB del país sino 40 %.

estratégico que está desarrollado, diseñado. Vamos a mantener los recortes petroleros con la OPEP[14].

Pero el aumento de los precios es solo una parte de las transformaciones que tiene en agenda. Está decidido a aumentar el control sobre PDVSA y a cambios profundos en la conducción del proyecto petrolero. Para el chavismo la empresa se había convertido en un «Estado dentro del Estado» y era necesario obligarla a rendir cuentas y a obedecer al Ejecutivo. Como aseguró Bernard Mommer, quien adquirirá una gran influencia en materia de hidrocarburos, «en el devenir de los años la compañía (PDVSA) se ha ido estructurando de forma de evitar que su accionista (el Estado) pueda intervenir en ella»[15].

Durante los gobiernos de Acción Democrática y Copei los políticos mantuvieron una postura reverencial ante PDVSA; actuaban bajo el objetivo de no trasladar los males de la administración pública a la «gallina de los huevos de oro». Así, el descenso de los aportes al Estado, explicados por la empresa como consecuencia del declive de los precios, el aumento en el número de habitantes y el alza de los costos operativos tras la maduración de los yacimientos fue soportado con pasividad. Pero el chavismo llega al poder con otra lectura.

Considera que la clase política permitió a principios de los años noventa una reforma legal que otorgó generosas exenciones en los impuestos que desembolsa PDVSA bajo la excusa de los impactos que causa la inflación; que se había eliminado el derecho a recaudar ganancias extraordinarias durante los períodos de precios altos propiciando un declive constante del aporte al Estado y que las regalías, un pago fácil de recaudar e inmune al alza de los costos de producción porque se trata de lo que debe recibir el país por permitir que se exploten los pozos, estaban en vías de extinción[16].

Bajo esta óptica, la receta del Gobierno consistirá en aumentar el pago de regalías, acabar con la estrategia de internacionalización por considerarla improductiva, frenar la apertura hacia el capital extranjero y una nueva Ley de Hidrocarburos que entrega al Ministerio de Ener-

---

14 Nicolás Ventura, 1999.
15 Mommer, 2003: 16.
16 Mommer, 2003.

gía y Minas el otorgamiento de licencias. Además, comienza a utilizar al petróleo como pieza central de su política exterior y firma un plan de cooperación con Cuba mediante el envío de 53 000 barriles diarios a la isla que serán cancelados a plazos. Se trata del primer movimiento concreto dentro de la alianza con Fidel Castro que despierta resistencia en un sector del país y en los medios de comunicación[17].

Para los técnicos de PDVSA, el convenio con Cuba afectaba a la República porque la isla solo pagaría una mínima tasa de interés por pagar el petróleo a plazo y, desde su punto de vista, no ofrecía mayores garantías. Incluso, cuestionaban que para transportar los barriles se utilizara una empresa cubana que cobraría todos los meses por este servicio.

Juan Fernández, gerente de PDVSA para ese entonces, narra que acudió a una reunión con miembros del Ministerio de Energía y Minas y distintos funcionarios del Ejecutivo.

> Recuerdo cómo en aquella reunión en donde también estuvo presente el embajador de Venezuela en Cuba, para aquel momento Julio Montes, las personas asistentes de los diferentes entes estaban asombradas por el convenio, del cual tuvimos que suministrarle copia, pues no la tenían en sus ministerios. Se demostraba que el Convenio fue un paquete que trajeron los cubanos para ser firmado por Chávez. El embajador Montes me dijo en aquella oportunidad: Juan, me parece que tus planteamientos con respecto a las razones comerciales y financieras sobre PDVSA son correctas, pero este es un convenio de carácter político y es esa voluntad la que priva, así que ustedes tendrán que ver cómo lo ejecutan[18].

Al mismo tiempo, la conducción de la empresa era sometida a constantes cambios. En octubre de 2000, Héctor Ciavaldini, derrotado por una huelga que inician los trabajadores de PDVSA en medio de la discusión de la contratación colectiva, es sustituido por el general Guaicaipuro Lameda, compañero de academia de Chávez.

El enfrentamiento abierto con la gerencia que no compartía el giro en la política petrolera y la manera en que se estaba conduciendo la com-

---

17 El convenio fue firmado el 30 de octubre de 2000.
18 Fernández, 2010.

pañía era cuestión de tiempo. Cuando el 25 de febrero de 2002 Hugo Chávez destituye a Lameda y nombra a una junta directiva encabezada por Gastón Parra Luzardo, economista conocido por sus críticas a la conducción de la compañía en gobiernos anteriores y que incluía a técnicos de reconocida trayectoria pero a los que, bajo las normas de mérito, no les correspondía este ascenso, estalló el conflicto y los gerentes de PDVSA convocaron a protestas y paros escalonados enarbolando la bandera de «evitar la politización» de la compañía y la defensa de la «meritocracia»[19].

El debate de fondo sobre las distintas visiones en la política petrolera nunca ocurre; la discusión se queda en la superficie, pero Hugo Chávez avanza y en su programa *Aló, Presidente*, transmitido por el canal de televisión del Estado, despide con un pito, similar a un árbitro de fútbol, a los gerentes que encabezan las protestas. «Ya está bueno. Una élite de PDVSA se ha pasado de la línea. Se convirtieron en saboteadores de una empresa que es de todos los venezolanos», afirmó decidido[20].

La confrontación no se limitaba a los espacios de PDVSA. Durante la segunda semana de noviembre de 2001 el Gobierno publicó en *Gaceta Oficial* 49 leyes sin consultar a los grupos afectados, desencadenando la reacción de Fedecámaras, el organismo que agrupa a los empresarios, y la Federación Nacional de Ganaderos (Fedenaga), que argumentaban la existencia de exceso de regulaciones y menoscabo de la propiedad privada. Cuatro textos concentraron el debate: la Ley de Tierras, la Ley Orgánica de Hidrocarburos, la Ley de Pesca y la Ley de Zonas Costeras. ¿En realidad se trataba de reformas drásticas, de un cambio radical en el país?

Francisco Rodríguez, quien se desempeñaba al frente de la Oficina de Asesoría Económica de la Asamblea Nacional y analizó en detalle el impacto de las leyes afirma que

---

19 La junta estaba conformada por Gastón Parra Luzardo, Carlos Mendoza Potellá, Luis Enrique Dávila, Argenis Rodríguez, Félix Rodríguez y Jesús Villanueva como directores internos; Rafael Ramírez, Argenis Ochoa y Clara Coro como directores externos.

20 Los ejecutivos despedidos fueron Edy Ramírez, director gerente de la filial Palmaven; Juan Fernández, gerente de planificación y control de finanzas; Horacio Medina, gerente de estrategia de negociación; Gonzalo Feijoo, asesor mayor de estrategia de refinación, Edgar Quijano y Alfredo Gómez, asesores laborales, y Carmen Hernández, analista de proyectos de PDVSA gas.

... en general, en el análisis exhaustivo de estas leyes es difícil identificar un sesgo fuerte contra la propiedad privada. La Ley más controversial en esta dimensión, la de tierras, contenía reglas de expropiación similares a las contempladas en la Ley de Reforma Agraria de 1960 que se encontraba vigente para el momento de promulgación del decreto ley. Su componente más intervencionista era la creación de una institución pública con la capacidad de imponer impuestos a las tierras no productivas, lo cual implicaba además la capacidad de dirigir la producción hacia los rubros considerados apropiados por esa institución.

Agrega que:

... la Ley de Hidrocarburos estaba básicamente dirigida a estabilizar la tributación petrolera, y afectaba en todo caso la relación entre el gobierno central y PDVSA. La restricción impuesta a las asociaciones estratégicas, en el sentido de que 51 % fuese propiedad del Estado, no era atípica para los estándares venezolanos. En cuanto a la Ley de Pesca, su aspecto más controversial radicó en el aumento de tres a seis millas náuticas en la zona reservada para la pesca artesanal. Esta regulación es común en otros países latinoamericanos[21].

En el fondo, los empresarios se oponen a un Gobierno al que sienten como una amenaza porque los considera aliados de las clases políticas anteriores y causantes de la pobreza. El modelo, signado por un Estado redistribuidor de la riqueza y con una tendencia crónica a la sobrevaluación de la moneda, que genera un tejido empresarial poco competitivo, sin posibilidades de exportar y que para ese momento acumulaba años de poca inversión y obsolescencia en sus equipos, no está en el análisis; la razón es moral y, por ende, los representantes de la empresa privada deben ser combatidos.

El plan de gobierno de Hugo Chávez afirma enfáticamente que «el modelo económico tradicional generó en el país una desigual distribución de la riqueza, manteniendo a amplios sectores de la población en niveles de pobreza y restringiendo su incorporación al aparato productivo. Dicho modelo se orientó, en un primer momento, al lucro y al enriquecimiento de una pequeña minoría, y posteriormente, a la preservación de sus privilegios»[22].

---

21 Rodríguez, 2003: 137.
22 Blanco, 2002: 131.

Durante sus primeros años, el movimiento que lidera Hugo Chávez no es del todo uniforme. En su interior existen distintas voces y Luis Miquilena, quien en 2001 ocupaba el cargo de director general del Movimiento V República (MVR), el partido de gobierno, y quien luego pasaría a formar parte de la oposición, deja ver que a lo interior existía un debate sobre cómo relacionarse con la empresa privada.

> Uno de los problemas que tenemos planteados es que nosotros entendamos que debemos ampliar el campo de nuestro sostén social. Nosotros tenemos que entender que este no debe ser un proyecto sectario, que se maneje con el propósito de resolver los problemas de un sector determinado de la sociedad. Queremos un país productor de riqueza y en ese camino debemos tener de aliados a los empresarios. Porque para abatir el desempleo necesitamos que haya trabajo y para que haya trabajo necesitamos que haya empresas y para que haya empresas necesitamos estimular a los empresarios[23].

Pero nunca se alcanza el diálogo y el distanciamiento crece. No en balde, Hugo Chávez llega advertir que «los que todavía tienen en la cabeza que la propiedad privada es sagrada, pues que se lo vayan sacando, porque no es sagrada»[24].

En este entorno, la promulgación de las 49 leyes fue vista como una oportunidad única por Fedecámaras y la Confederación de Trabajadores de Venezuela para unificar las voces de protesta y convocar a un paro cívico el 10 de diciembre de 2001, que daría inicio a un creciente proceso de agitación que culmina en el fallido intento de golpe de estado del 11 de abril de 2002. El alto mando militar le pide la renuncia a Hugo Chávez y Pedro Carmona Estanga, presidente de Fedecámaras, es el hombre que se juramenta como primer mandatario, violando la Constitución. Chávez regresa al poder en 48 horas y desde entonces el divorcio con los empresarios, calificados de golpistas, será irreversible.

El conflicto aún no tiene un vencedor definitivo. Entre diciembre de 2002 y febrero de 2003 la gerencia de PDVSA apoya la huelga nacional convocada por la Confederación de Trabajadores de Venezuela (CTV),

---

23 *El Universal* 19-02-2001: 1-4. En Arenas, 2004: 9.
24 Reuters 05-08- 2001.

Fedecámaras y la Coordinadora Democrática, un organismo que agrupó a toda la oposición, dando cabida a partidos políticos y movimientos civiles. La huelga, que exigía cambios en la política del Gobierno o elecciones anticipadas, paralizó la producción de petróleo, de empresas emblemáticas y a buena parte del comercio. El país se sumió en un caos donde no había gasolina y escaseaban alimentos; pero Chávez no negoció: quería una victoria absoluta sobre los grupos que lo enfrentaban aún a costa de profundizar la crisis. Derrotó el movimiento y despidió a 22 000 trabajadores de PDVSA, la mitad del recurso humano de la empresa y, entonces, tuvo vía libre para controlar la renta.

A partir de ese momento, solo hombres incondicionales al presidente ocuparán los altos cargos de la compañía y no habrá resistencia para ninguna de las exigencias en materia fiscal, organizativa y de política petrolera que formule Hugo Chávez durante los doce años en que seguirá al mando del país.

Posteriormente, Hugo Chávez admitiría abiertamente su intención de buscar el enfrentamiento. «Las crisis son necesarias; a veces hay que generarlas, midiéndolas, por supuesto. Lo de PDVSA era necesario. Cuando yo agarré el pito aquel en un *Aló, Presidente* y empecé a botar gente, yo estaba provocando la crisis. Cuando nombré a Gastón Parra Luzardo y aquella nueva junta directiva, estábamos provocando la crisis. Ellos respondieron y se presentó el conflicto y aquí estamos hoy. Era necesario»[25].

AIRES HERRERIANOS

El vuelo iniciado por el precio del petróleo y una lectura moral de la economía, según la cual el empobrecimiento de Venezuela obedece a cúpulas corruptas que se apoderan de la renta, implica que no está en cuestionamiento la estructura heredada. El petro-Estado, en decadencia desde 1983, seguirá intacto, porque solo se busca combatir a los oligarcas impuros. Así que una vez el barril comienza a recuperar el brillo, los primeros cinco años de gobierno de Hugo Chávez transitarán por el ciclo que culmina en la inestabilidad y el colapso de la moneda.

---

25 Discurso en la Asamblea Nacional, 15 de enero de 2004.

El incremento del precio del petróleo, que despega durante el último trimestre de 1999 y se ubica sobre la barrera de 20 dólares por 25 meses consecutivos, permite respirar y dejar atrás los días aciagos de 1998, cuando el crudo se había hundido por debajo de los 10 dólares. Repentinamente todo está dispuesto para que el gasto comience a escalar y, a pesar del discurso contra el pasado, los desembolsos aumentarán descontroladamente, la deuda crecerá y se utilizarán fuentes poco ortodoxas para incrementar la cantidad de dinero disponible[26].

Si bien el monto de gasto que el Gobierno quiere inyectar supera por mucho al oxígeno petrolero y la recaudación de impuestos, el Ministerio de Finanzas no toca a la puerta de las torres bancarias del exterior o la Bolsa de Nueva York. La confrontación política que se desata en el país crea una gran desconfianza en los mercados internacionales. En aquel momento Venezuela habría tenido que pagar altísimas tasas de interés para colocar bonos en Estados Unidos o Europa. Por lo tanto, hacia afuera Hugo Chávez exhibe una conducta rigurosa, austera y responsable porque no solicita nuevos créditos y sin ningún tipo de falta cumple con los pagos de capital e intereses de la deuda en dólares.

A pesar del verbo encendido contra el neoliberalismo, las siglas satánicas FMI, OMC, Banco Mundial y Wall Street, nunca se pierde de vista la necesidad de no aislarse por completo del mercado internacional; al fin y al cabo puede ser de gran ayuda en el futuro, así que religiosamente el Ministerio de Finanzas cancela los vencimientos, incluso durante los días duros de la paralización de PDVSA. Gracias a esta política, el monto de la deuda en dólares no crece y el Gobierno va construyendo poco a poco una reputación que en el futuro le permitirá financiarse en el exterior.

¿De dónde vino el crédito? En primer término, de las torres financieras venezolanas, en bolívares, que compran una montaña de bonos y letras del tesoro que permiten que la administración de Hugo Chávez hunda el acelerador del gasto público. Para los banqueros, se trata de

---

26 Los informes económicos del BCV registran que entre 1999 y 2002 el gasto público aumenta desde 25 % del PIB hasta 30,2 %. El economista Francisco Rodríguez precisa en *Las consecuencias económicas de la revolución Bolivariana* que, en términos reales, el gasto público crece 27,6 % entre 1999 y 2000 y que en 2001 seguirá en alza.

un excelente negocio, porque los bonos reportan dividendos libres del impuesto sobre la renta[27].

El Banco Central también viene en ayuda, cambia sus criterios contables y decide que si los dólares que diariamente vende a los distintos sectores de la economía aumentan de precio surgen ganancias que deben ser entregadas al Gobierno[28]. El criterio técnico del Fondo Monetario Internacional y de la mayoría de los países es que no se puede considerar esta masa de dinero como ganancias, ya que, al tener que reponer las divisas, el supuesto beneficio se evapora, pero el directorio del Banco Central está dispuesto a contribuir al gasto y desde 2000 comienza a inyectar recursos bajo el concepto de «utilidades cambiarias»[29].

Hay un detalle clave para comprender por qué se utiliza este esquema. Jorge Giordani, ministro de Planificación y principal arquitecto del modelo económico, había cambiado la Ley del Fondo de Estabilización Macroeconómica, una alcancía donde el país debía almacenar parte del ingreso proveniente del petróleo para enfrentar las épocas de caída en el precio del oro negro, obligando a depositar todo lo que se recibiera por encima de un barril de 9 dólares. Pero como el gasto no se adecuó a este propósito de austeridad, el país se endeudaba en bolívares a muy corto plazo a altas tasas de interés, vendiéndoles bonos a las entidades financieras venezolanas y el Banco Central tenía que recurrir a la contabilidad creativa para multiplicar los recursos.

Cuando la dosis de gasto comenzó a mostrar sus efectos en el cuerpo de la economía, surgió el problema de cómo evitar que el exceso de bolívares, detrás de una limitada cantidad de productos, se tradujera en alzas de precios, sobre todo cuando la principal oferta del ministro Jorge

---

27 Entre el cierre de 1998 y el primer semestre de 2002, la deuda interna, como se conoce la que contrae el gobierno en bolívares, aumenta desde 2,3 billones hasta 11,1 billones (en bolívares fuertes se trata de millardos) un incremento de 380 % en bolívares corrientes y de 215 % si se corrige por inflación, de acuerdo con cálculos realizados por el profesor del IESA Miguel Ángel Santos. En términos del PIB, la deuda interna crece desde 4,3 % en 1998 hasta 14,2 % del PIB en 2002, según informes económicos del Banco Central de Venezuela.

28 Entre 1999-2002, las empresas y las personas podían comprar dólares libremente y el valor del billete verde fluctuaba en una banda que le establecía un piso y un techo.

29 En 2000, el Banco Central desembolsó por utilidades cambiarias 803 millones de bolívares fuertes. En 2001, un 1 774 millones, y en 2002, un 1 710 millones.

Giordani consistía en domar a la fiera de la inflación. La estrategia no fue novedosa: utilizar los petrodólares para prácticamente mantener fijo el valor del dólar, con mínimas variaciones, y así abaratar las importaciones.

Si bien la inflación perdió impulso, continuó siendo más elevada que en las principales economías de América Latina y Estados Unidos. Por lo tanto, los productos importados resultaban más baratos que los nacionales y las compras en el exterior entraron en calor; el dólar, una vez más, resultaba un artículo muy asequible[30].

La compra de dólares también recibía el estímulo de la turbulencia política; las empresas y las personas temían por una escalada en el enfrentamiento entre la oposición y el Gobierno y corrían al refugio de las divisas. Al mismo tiempo, un grupo cada vez más creciente temía que un parpadeo en el precio del petróleo acabara con la estabilidad del tipo de cambio y se adelantaba al desenlace.

El economista y profesor de la Universidad Central de Venezuela, Leonardo Vera, señala que «sin mucha conciencia de lo que hacía, el Gobierno apeló al viejo esquema del ajuste automático de las cuentas externas, vitoreado en los años setenta. En términos si se quiere simples, la estrategia de conflicto político avivaba las salidas de capital, y las salidas de capital hacían posible esterilizar la liquidez originada en la balanza petrolera».

Precisa que «en solo cuatro años, entre 1999 y 2002, la economía venezolana registró salidas de capital por el orden de los 33 000 millones de dólares, lo que representa una y media veces el *stock* de deuda externa de la República»[31].

A finales de 2001 ocurrió uno de esos imponderables, nunca previstos pero que siempre suceden de cuando en cuando para que quede demostrada la extrema volatilidad de los precios del petróleo. Tras el ataque a las torres gemelas de Nueva York el 11 de septiembre, el barril comenzó a desinflarse y en los últimos tres meses del año el promedio cayó a 16 dólares, un nivel de alarma que desató un feroz ataque contra la moneda. Era evidente que el Gobierno solo podría mantener estable

---

30 Estudios de la Oficina de Asesoría Económica de la Asamblea Nacional señalan que los bienes producidos en Venezuela resultaban, en el mejor de los casos, 15 % más caros que los importados.

31 Vera, 2005: 21.

el tipo de cambio por poco tiempo, porque el tanque de billetes verdes ya no tenía el mismo flujo de ingresos y la compra de divisas arreció[32].

El declive del petróleo también se tradujo en que la chequera del Gobierno se enflaqueció repentinamente y el gasto había aumentado a tal magnitud que la situación se tornó insoportable. También presionaba que una porción muy importante de los bonos colocados a partir de 1999 comenzaba a vencerse y había que cancelarles a los bancos. Sin más opciones, el 12 de febrero de 2002, el Gobierno recurre a la devaluación de la moneda para obtener más bolívares por los petrodólares, a fin de disminuir el desbalance en sus cuentas y contener el ataque a la moneda.

En cadena nacional, Hugo Chávez se cuida de no pronunciar la palabra *devaluación*, pero explica que el modelo cambiario tendrá una modificación drástica. Hasta ese momento se había conservado el sistema de bandas creado durante el gobierno de Rafael Caldera en 1996, en el que el precio del dólar podía fluctuar entre un piso y un techo, aunque en realidad durante los últimos tres años la política había consistido en que se moviera lo menos posible.

«Queda atrás el sistema de bandas. Entramos a un sistema de flotación, que por supuesto a partir de mañana tendrá algunos impactos», afirmó Chávez anticipando la tormenta y complementando el ajuste con la introducción del impuesto al débito bancario y un recorte de gasto. Al día siguiente, el bolívar perdió 20 % de su valor frente al dólar, cerrando el ciclo que desde 1983 ha empobrecido a Venezuela.

Sobre esta economía, en franco deterioro en febrero de 2002, cabalgará la crisis política con el intento de golpe de Estado del 11 de abril y el paro empresarial, al que se adhiere PDVSA, que frena la producción en distintos frentes entre diciembre y febrero de 2003, obligando al Gobierno a decretar el control de cambio y el control de precios.

El resultado es un verdadero parte de guerra: la inflación que, gracias al mantenimiento del dólar barato, había descendido ocho puntos, hasta 12,3 % en 2001, rebotó a 31,2 % en 2002; la economía se hundió

---

32 En los treinta días de mercado que van desde el 31 de diciembre de 2001 y el 12 de febrero de 2002, las reservas internacionales, incluyendo al Fondo de Estabilización Macroeconómica, registran un descenso de 19 %.

en la recesión, el desempleo se disparó y, el saldo más preocupante, el número de hogares en condición de pobreza, incapaces de cubrir el costo de una canasta de alimentos básicos y servicios esenciales, había aumentado, desde 42 % del total en 1999, hasta 55,1 % al cierre de 2003[33].

Este resultado colocó al Gobierno en una posición muy incómoda. La popularidad del presidente descendió hasta 30 % justo cuando la oposición tomó el camino constitucional y comenzó el proceso para convocar a un referendo revocatorio que lucía temible en estas condiciones, pero Hugo Chávez retrasaría la consulta electoral hasta el 15 de agosto de 2004 y, para ese entonces, ya habría puesto en marcha un conjunto de planes sociales que solidificarían el piso político del proyecto y, lo más importante, la ruleta petrolera volvería a sonreírle.

POBRES Y POPULARIDAD

Tras la elección de 1998 fue como si la masa pobre hubiese decidido que era el momento de que el cambio bajase desde el discurso político a la realidad en breve, sin espera. Largas filas de mujeres con niños enfermos, sin casas o desempleadas reclamaban atención y en los actos públicos burlaban la seguridad para entregarle al presidente solicitudes de ayuda garrapateadas en pedazos de papel. El Palacio de Miraflores permanecía rodeado de indigentes, pero el Estado no contaba con una estructura capaz de producir cambios rápidamente; al contrario, la madeja burocrática convertía a la administración pública en un paquidermo, como lo cuenta el propio Hugo Chávez: «nos encontramos con una serie de leyes, códigos, reglamentos que dificultaban la adopción de medidas necesarias. Para hacer una transferencia de recursos en un ministerio, por ejemplo, el ministro tenía que venir no sé con cuantas carpetas para que yo le firmara»[34].

Entonces surge la estrategia de utilizar a las Fuerzas Armadas para burlar las estructuras del Estado y aliviar la condición del «soberano», como

---

33 Datos del Instituto Nacional de Estadística y Banco Central de Venezuela. En 2002 la economía registra un descenso de 8,9 % y en 2003 de 7,8 %. El resultado es que al contrastar el PIB de 2003 con el de 2001 hay un declive de 15,9 %. Al cierre de 2003 el número de desocupados aumentó en medio millón de personas.
34 Harnecker, 2002: 31.

es bautizado el pueblo excluido, pobre, que de esta manera comienza a asociar la ayuda estatal con un hombre, con Hugo Chávez, comandante en jefe de los militares que activan el Plan Bolívar 2000, nombre genérico que engloba distintas iniciativas.

La Fuerza Aérea ideó un sistema de rutas sociales para transportar a la población por zonas donde no existían caminos adecuados; la Marina organizó cooperativas, reparó cavas, refrigeradores para mejorar la condición de los pescadores; la Guardia Nacional recorrió zonas indígenas para detectar las carencias e introducir mejoras y se creó un plan de autoconstrucción de viviendas a bajo costo y, en materia de salud, surgieron hospitales quirúrgicos de guerra.

Al mismo tiempo, el Gobierno detectó las restricciones de los estratos de bajos recursos para obtener crédito en la banca tradicional y fundó el Banco del Pueblo y el Banco de la Mujer, para impulsar el desarrollo de las microfinanzas, entregando préstamos a muy bajas tasas de interés a pequeños emprendedores o desempleados que buscaban mejorar su condición de vida con capital de trabajo.

Pero la debilidad estuvo en la improvisación, que generó hechos de corrupción por malversación de partidas presupuestarias y en la escogencia de funcionarios sin suficiente capacidad. «Yo creo que un movimiento como el nuestro debería haber tenido ya seleccionados y preparados, cuando ganamos las elecciones de 1998, a buena parte de los nuevos funcionarios que debían ocupar los cargos del Estado y no lo teníamos. Producto de eso ha habido mucha improvisación y, como consecuencia de ella, hemos cometido muchos errores como el nombramiento de personas no siempre las más adecuadas», admitiría el presidente años más tarde[35].

Al evaluar la formación académica de los ministros designados entre 1999 y 2005 surgen severas deficiencias, 47 % de ellos carecían de estudios de posgrado y la rotación resultó la más elevada en la historia de los gobiernos democráticos, entre 1999 y 2008 permanecían un promedio de 16 meses en el cargo[36].

---

35 Harnecker, 2002: 32.
36 Monaldi, González, Obuchi y Penfold. En: Corrales y Penfold, 2012: 91.

La imprevisión fue notoria en el caso del Banco del Pueblo, institución que estuvo a cargo de un exsacerdote, Roberto Rodríguez, sin ningún tipo de experiencia en el manejo de entidades financieras. Al poco tiempo de haber iniciado su gestión, miembros de la junta directiva señalaron que para alcanzar las metas exigidas por el presidente se otorgaban créditos sin el análisis de riesgo y, en julio de 2000, la Superintendencia de Bancos advirtió que la institución operaba con «un altísimo grado de ineficiencia»[37].

La entrevista que le realicé a Roberto Rodríguez para que diera su versión sobre estas denuncias desnuda en toda su magnitud la improvisación con la que el Gobierno puso en marcha la agenda social[38]:

—El informe elaborado por miembros de la junta directiva habla de daño patrimonial por colocaciones al mismo plazo, pero a distintos rendimientos.

—Lo que ocurre es que el Banco Industrial, por ser socio nuestro, nos da la mayor tasa del mercado, pero no podemos colocar todo el dinero allí; por eso hay colocaciones al mismo plazo que en el Industrial, pero a distinto rendimiento.

—¿Las colocaciones se hicieron sin aprobación de la junta directiva y el Comité de Riesgo?

Se discutían, pero es verdad que no existen actas ni registro de lo que se hablaba en la junta.

—¿Publicó dos balances sin la aprobación de la junta directiva?

Cierto. Yo estaba muy mal asesorado por la consultora jurídica de ese momento, que ya salió del banco, pero los balances no son inexactos. Ahora sé que eso es grave y, al igual que la falta de actas, ya fue corregido.

—¿Aprobó 250 créditos sin acatar las normas para cumplir con la cifra de préstamos que ordenó el presidente?

—Eso nunca fue así. Es verdad que en Vargas se entregaron algunos créditos sin cumplir formalidades, como la falta de cédula laminada, pero esos créditos están al día.

---

37 *El Universal* 14-03-2001.
38 *El Universal* 15-03-2001.

—¿Se entregaron 400 millones en créditos soportados en un sistema Excel y Access que no cumplían con la seguridad operativa?

—Esos eran los sistemas, pero tenían claves y no había libre acceso. En abril vamos a contar con el sistema tecnológico que tiene el Banco Industrial de Venezuela.

—Se señala que entregó un contrato sin cumplir con lo que decía el Comité de Licitaciones.

—Por eso salió la gerente general. El Comité recomendó una empresa para diseñar la red interna y ella seleccionó otra arbitrariamente, pero eso se corrigió a tiempo.

—¿Ha entregado créditos por encima de los montos autorizados por la junta directiva?

—Eso ocurrió una sola vez porque se trataba de alguien que iba a perder su empresa. No es algo consuetudinario.

—¿Y créditos al personal sin cumplir con los procedimientos?

—No teníamos caja de ahorros y había necesidad en una parte del personal. Uno de los chamos tenía que pagar la universidad porque si no, no entra. ¿Podía esperar porque lo aprobara la junta directiva? Dimos préstamos con base en las prestaciones sociales, sin que estuviera formalizado.

El Banco del Pueblo continuó con severos problemas de gerencia y alta morosidad, mientras que el Plan Bolívar 2000 comenzó a agotarse y, en medio de la crisis política, la pobreza y el desempleo aumentaban; por lo tanto, se necesitaba un cambio de rumbo que Hugo Chávez concreta en 2003 cuando las encuestas le indican que puede perder el referendo revocatorio pautado para agosto de 2004. Es así como pide ayuda a Fidel Castro y surgen las «misiones», que apuntalarán la popularidad del líder.

El propio Chávez lo relata.

Hay una encuestadora internacional recomendada por un amigo que vino a mitad del 2003, pasó como dos meses aquí y fueron a Palacio y me dieron la noticia bomba: presidente, si el referéndum fuera ahorita usted lo perdería. Yo recuerdo que aquella noche para mí fue una bomba aquello. Entonces fue cuando empezamos a trabajar con las misiones, diseñamos aquí la primera y empecé a pedirle apoyo a Fidel. Le dije: Mira, tengo esta idea, atacar por debajo con toda la fuerza, y me dijo: Si algo sé yo es de eso, cuenta con todo mi apoyo. Y empezaron a llegarlos médicos por centenares, un puente aéreo, aviones van, aviones vienen y a buscar recursos, aquí la economía mejoró, organizar los barrios, las comunidades. Formamos el comando político, lo ajustamos un poco más, y entonces empezamos, mire, a remontar en las encuestas, y las encuestas no fallan, las encuestas no fallan. No hay magia aquí, es política, no es magia, y vean cómo hemos llegado»[39].

Básicamente la estrategia consistió en crear nuevas estructuras paralelas a la burocracia del Estado, pero focalizando los programas a las necesidades más sentidas de la población, problemas que las Fuerzas Armadas no tenían la capacidad de solucionar. Para aliviar el déficit de atención médica surgió Barrio Adentro, un proyecto donde médicos cubanos ofrecían primeros auxilios en las comunidades de menos recursos. A fin de llevar alimentos a precios subsidiados hasta las zonas pobres se creó Mercal, una red de mercados populares. Para quienes tenían muy bajo grado de instrucción y querían formarse surgieron iniciativas para aprender a leer y alcanzar la educación primaria y secundaria (Robinson, Sucre y Ribas). Los adultos que necesitaban capacitación para el trabajo contaron con la alternativa de la Misión Vuelvan Caras y, finalmente, para impulsar la construcción de viviendas, la Misión Hábitat.

Desde el punto de vista comunicacional, las misiones alcanzaron un éxito rotundo. Cada domingo en su programa televisivo *Aló, Presidente* Hugo Chávez anunciaba medidas concretas para atender la «deuda social» acumulada en barriadas prácticamente olvidadas por el Estado y la empresa privada. Además, en 2004, el precio del petróleo recuperó la tendencia al alza incrementando la capacidad de gasto. Nuevamente la chequera tenía recursos. Pero lo más importante es que el control de PDVSA permitía que el dinero fluyera hacia las misiones de una manera rápida y abundante por canales paralelos a los del presupuesto nacional donde la ejecución habría sido lenta y pesada[40].

Mientras las misiones cumplían el objetivo de rescatar la popularidad del presidente, el referendo revocatorio se fue retrasando con argumentos

---

39 El Nuevo Mapa Estratégico, taller llevado a cabo el 12 y 13 de noviembre de 2004.

40 Vera (2008) precisa que por vías distintas a los dividendos, impuestos y regalías en 2004 PDVSA desembolsó para las misiones 2,2 billones de bolívares, unos 1 400 millones de dólares al tipo de cambio oficial de la época, a lo que hay que agregar 3,8 billones de bolívares, unos 1 900 millones de dólares provenientes de un fondo de fideicomiso Fondespa.

que ponían en duda la validez de las firmas que debía recolectar la oposición para que se produjera la consulta electoral. Al mismo tiempo, las fuerzas que adversaban al gobierno recurrían a una campaña dispersa, incapaz de enviar un mensaje que captara votos. De hecho, su principal lema fue «Chávez, vete ya», sin realizar mayor esfuerzo en proponer políticas alternativas.

El 8 de agosto de 2004, una semana antes del referendo, Luis Vicente León, director de Datanálisis, advirtió que

> ... hay una tendencia clara de crecimiento en la aprobación de gestión, mientras que el rechazo del presidente cae. La estrategia de las misiones fue muy exitosa desde el punto de vista político; esos programas sociales han sido altamente aprobados por la población, incluyendo parte de la oposición. La del Gobierno es una estrategia comunicacional sumamente agresiva, y sobre todo intensa y rica, y con la ventaja de que el mensaje es uno solo; el de la oposición es múltiple y a nivel de mercadeo político siempre es más fácil recordar el mensaje de Chávez que el de la oposición[41].

Así, cuando el 15 de agosto de 2004 se produce la consulta electoral, Hugo Chávez alcanza una victoria cómoda, con el respaldo de 59 de cada 100 votos. La oposición sufría una contundente derrota y caía en el descrédito al señalar que hubo un fraude electoral que nunca logra probar. Además, el presidente recuperaba la conexión con las masas y, el *boom* petrolero apenas comenzaba.

CONTROL TOTAL

Superado el revocatorio, el Gobierno aprueba un conjunto de reformas que incrementan notablemente la discrecionalidad en el uso de la renta petrolera. El poder, la capacidad de generar una relación más directa con la población a través del reparto del dinero por canales poco convencionales, ha sido aprendida con las misiones y el plan es profundizar el esquema, construir un sistema donde el presidente pueda decidir el curso de miles de millones de petrodólares sin ceñirse a un presupuesto aprobado por el Parlamento y con muy poca o nula contraloría.

---

41 *El Universal* 08-08-2004.

El primer paso en firme es moldear otra arquitectura financiera con la creación de nuevos bolsillos, entre los que destacan el Fondo de Desarrollo Nacional (Fonden) y el Fondo para el Desarrollo Económico y Social para el País (Fondespa), manejados por funcionarios que responden directamente al presidente de la República. Hasta 2005, el circuito del dinero consistía en que PDVSA vendía el petróleo en el exterior y obtenía dólares que entregaba al Banco Central. ¿Qué hacía el Banco Central? Fabricaba bolívares que recibía la empresa petrolera de acuerdo con el tipo de cambio oficial. Posteriormente, PDVSA, a través de impuestos, regalías, dividendos, inyectaba los bolívares al Gobierno para que este gastara de acuerdo con lo previsto en el presupuesto aprobado por el Parlamento.

Si el Gobierno necesitaba importar, acudía al Banco Central, con los bolívares que había recibido, y obtenía dólares para adquirir maquinarias, insumos o llevar adelante cualquier plan que necesitara pagos en divisas. Con la creación de los fondos muere este modelo. PDVSA comenzó a transferir solo una parte de los dólares al Banco Central y una porción muy importante al Fonden y el Fondespa, que funcionan sin presupuestos aprobados por el Parlamento. Así será como Hugo Chávez tendrá una gran discrecionalidad al momento de decidir el destino de miles de millones de petrodólares.

El Banco Central también está en la mira. Posee divisas que el presidente desea que fluyan hacia el Fonden. ¿Cómo lo logra? Los diputados oficialistas levantan la mano y modifican la ley para establecer el novedoso concepto de «reservas excedentarias». El Banco Central maneja el tanque de dólares que permiten cubrir las importaciones y los pagos de deuda externa, conocido como reservas internacionales. Tras la reforma de la ley, cada año se establece un monto adecuado para el pote y todos los dólares que se encuentren por encima de esta cota se transfieren al Fonden.

Las estadísticas oficiales registran que, entre 2005 y 2012, solo el Fonden recibió aportes, de PDVSA y el Banco Central, por 104 000 millones de dólares, una magnitud de dinero gigantesca. Para tener una idea, basta observar que supera el ingreso por exportaciones de Colombia, Perú y Chile durante 2012[42].

---

42 En 2012 las exportaciones de Colombia se ubicaron en 60 666 millones de dólares. Las exportaciones de Perú en 47 000 millones de dólares y las de Chile en 78 813 millones de dólares.

Pero se quería amasar mucho más y surge un procedimiento para restar la porción de petrodólares que manejan los gobernadores y alcaldes. La idea es centralizar la mayor cantidad de los recursos para administrarlos bajo las directrices de la Presidencia. La fórmula consiste en fijar un precio artificialmente bajo para el petróleo en el presupuesto nacional; por ejemplo, si el barril estaba a 50 dólares, se argumentaba que, por razones de prudencia, el presupuesto se calcularía con un valor de 20 dólares.

Al subestimar el precio del petróleo, disminuye el dinero que debe fluir hacia las gobernaciones y alcaldías por situado constitucional, una norma que obliga a desembolsar a las regiones hasta un máximo de 20 % del ingreso proveniente de las fuentes ordinarias, como es el caso de las exportaciones petroleras. El escamoteo de los recursos se produce porque el cálculo del situado se hace a partir del precio establecido en el presupuesto para el petróleo, mientras que el resto de los petrodólares son considerados recursos extraordinarios y, por tanto, no entran en la bolsa que debe repartirse a las regiones.

De esta manera, el Gobierno controlará una gigantesca masa de recursos que le permitirá manejar de forma discrecional un presupuesto paralelo destinado a planes que sedimentan la base clientelar. Los beneficiados por las misiones dependerán del gasto alterno que fluirá únicamente bajo el mando de Hugo Chávez. No se trata del Estado; un hombre decidirá el curso de una vasta porción de los petrodólares.

Aparte de aumentar la discrecionalidad en la administración de la renta, también se quiere dominar en mayor medida al sector privado de la economía. Aunque la crisis generada por el paro petrolero había sido superada y el precio del petróleo estabilizó las reservas internacionales, Hugo Chávez dejó en claro que el control de cambio, el enorme poder que significa decidir quién recibe cuántos dólares en un país donde prácticamente solo PDVSA exporta y recibe divisas, no sería levantado; constituiría una política permanente.

Los empresarios dependerían de que la Comisión de Administración de Divisas (Cadivi) les apruebe el monto de dólares que pueden recibir para importar insumos o maquinaria; para viajar, las personas tendrán un cupo anual que no llegará a superar los 5 000 dólares y no habrá manera de obtener divisas para ahorrar. La única alternativa será dejar el dinero en la banca nacional donde la inflación, año a año, le restará capacidad de compra.

El control de precios tampoco será eliminado. La facultad de determinar cuándo puede aumentar el costo de una amplia gama de alimentos, medicinas y bienes de cuidado personal otorgaba un dominio sobre empresas emblemáticas que el Gobierno no estaba dispuesto a perder. De hecho, a través de reglamentos, el mando aumentaría a paso firme, al punto que el Ejecutivo pasaría a indicar cuánto de cada producto debe producirse y a qué parte del país se envía la mercancía.

El esquema de obligar a los bancos a dirigir una parte de los créditos a sectores estratégicos será ampliado a tal punto que 47 de cada 100 bolívares que las entidades financieras prestan, fluirán hacia los sectores considerados estratégicos, como construcción de viviendas, industria manufacturera, agricultura, turismo y microempresas, a tasas de interés preferenciales.

En 2005, la oposición decidió no acudir a las elecciones legislativas. Todas las encuestas indicaban que perdería espacios en la Asamblea Nacional, que su masa de votantes estaba desmotivada tras las denuncias de fraude en el referendo que nunca fueron probadas y el escenario de reñida competencia en 2003 había dado paso a otro donde Hugo Chávez había aumentado considerablemente el dominio sobre todas las instituciones.

El resultado fue la entrega de todo el poder Legislativo al Ejecutivo. Aunque la oposición no acudió a la contienda, las elecciones se realizaron y la Asamblea Nacional se convirtió en un apéndice de la Presidencia que no tenía que negociar ningún proyecto de ley. Los ministros no estuvieron obligados a rendir cuentas y la función contralora del Parlamento prácticamente desapareció. Más que un presidente de la República, Hugo Chávez tendrá amplios poderes, similares a los de un monarca que redactará las leyes y las enviará a la Asamblea para su aprobación como un trámite de mero formalismo.

Su autoridad no tenía límites. Gobernaba a viva voz a través de los medios de comunicación. Que el caballo del Escudo Nacional debe mirar hacia el otro lado, lo volteaban; que había que atrasar los relojes media hora, los atrasaban; que la Bandera necesitaba una estrella extra, la colocaban; que estas tierras deben pasar a manos del Estado, las ocupa-

ban; que esta empresa debe ser expropiada, se expropiaba; que el cobro
de peajes en las autopistas es injusto, se eliminaba; que el Estado necesita un gran banco, lo compraban; que este canal de televisión no debe
continuar al aire, no se le renovaba la concesión.

EL NEOPATRIMONIALISMO

¿Cómo describir el sistema político al que había llegado Venezuela?
Para resumir en un término las características más comunes de los países
africanos, en la década de los noventa, historiadores y politólogos crearon
el término *neopatrimonialismo*, partiendo del concepto de patrimonialismo
desarrollado por Max Weber. Básicamente, se trata de estructuras donde
un hombre fuerte ejerce el mando guardando formalidades democráticas
pero con una gran discrecionalidad para legislar y controlar todas las instituciones, transformando al Estado en su propiedad privada.

Como es lógico, este dominio deriva en la posibilidad de manejar a
placer los recursos de la Nación con muy poca transparencia y rendición
de cuentas, mientras se crea una red de servidores públicos cuya principal virtud es la lealtad al líder. La politóloga María Trocello explica que

> ... la característica esencial de estos regímenes es que terminan adueñándose
> del Estado para hacer uso discrecional de sus recursos. A través de la ocu-
> pación del gobierno, y, por su permanencia, posteriormente del Estado, se
> ejerce un tipo de violencia simbólica que permite legitimar prácticas cliente-
> lares, prebendarias y corruptas, aunque deben contar con legitimidad electo-
> ral, y convivir con las instituciones formales exigidas por el sistema jurídico
> (presidencialista republicano, monarquías, parlamentarias, etcétera)[43].

Nicolas van de Walle y Michael Bratton exploran este tipo de
sociedades desde otro ángulo y detectan características esenciales en el
neopatrimonialismo. En primer lugar el presidencialismo, es decir, la
concentración sistemática de poder en manos de un solo individuo, lo
que trae como consecuencia mayor centralismo, los gobiernos locales

---

43 Trocello, 2007: 3.

tienen pocos recursos y el presidente maneja una porción muy importante del dinero[44].

El clientelismo es otra característica. El hombre fuerte basa su apoyo en el reparto de empleos en el sector público, licencias, contratos, proyectos, subsidios que distribuye por el control que tiene del dinero del Estado, que es utilizado sin restricciones de ningún tipo, facilitando así la búsqueda de objetivos políticos.

El dominio de las instituciones que logra Hugo Chávez aumenta el presidencialismo, la concentración de poder, mientras que el clientelismo florece en medio de planes sociales donde priva el reparto de recursos, la entrega de favores a empresarios y la expansión del Estado. Al mismo tiempo, el uso discrecional del dinero público alcanza niveles inéditos. Así toma cuerpo un neopatrimonialismo exacerbado en Venezuela.

Las características de un sistema neopatrimonial han estado presentes desde mucho antes del gobierno de Hugo Chávez. No hay duda de que la concentración de poder en la figura del presidente existió durante el período dominado por Acción Democrática y Copei, así como el clientelismo y el uso discrecional del dinero público, pero nunca en las dimensiones a las que se llega después de 2003.

Las decisiones fundamentales eran discutidas con la oposición, empresarios y líderes laborales. La posibilidad de que una reforma a la Ley del Trabajo fuese aprobada por vía habilitante sin discusión en la Asamblea Nacional y conocida por los trabajadores y empresarios cuando apareciera publicada en *Gaceta Oficial*, como sucede en 2012, era impensable. Los gastos del Gobierno estaban incluidos en presupuestos aprobados por el Parlamento; no existía una estructura paralela controlada por un solo hombre para repartir el dinero; y la transparencia, muy lejos de ser perfecta, era mayor.

Durante el *boom* petrolero que se inicia en 1974, Carlos Andrés Pérez creó el Fondo de Inversiones de Venezuela, una estructura que recibía una porción de los petrodólares que no era entregada al Banco Central, pero mensualmente publicaba sus balances, estaba dirigido fundamentalmente a la inversión en las empresas básicas de Guayana y podía

---

44 Bratton y Van de Walle, 1994.

conocerse con precisión el uso del dinero. No es el caso del Fonden, que en teoría debía «Apalancar la recuperación económica» (real y productiva) e «Incrementar la inversión social», para lo cual, que se sepa, financió 400 proyectos en siete años, 2005-2012, que paradójicamente incluyen la compra de armamento militar, como aviones y tanques de guerra; el aumento del tiraje y mejora de distribución del *Correo del Orinoco*, un periódico destinado a defender la obra del Gobierno; construcción de viviendas, compra de bonos a Ecuador, entre otros.

En realidad, Fonden actúa como la pieza central de un gigantesco presupuesto paralelo, alterno al aprobado por la Asamblea Nacional, manejado de forma discrecional donde no hay transparencia. Nunca el Gobierno ha explicado en detalles el monto desembolsado para cada proyecto, el nivel de ejecución de cada obra ni la ganancia o pérdida que reportan.

Aparte de la discrecionalidad en el uso de los recursos públicos, la estructura neopatrimonial tiende a incrementar el tamaño del Estado, se requiere un pesado armazón de ministerios para el reparto de los fondos y, al mismo tiempo, el incesante aumento en el número de trabajadores que dependen del presupuesto nacional es otra muestra del clientelismo.

De acuerdo con el Instituto Nacional de Estadística (INE), para el cierre de octubre de 2002 trabajaban para el Estado 1 millón 345 000 personas y, al cierre de octubre de 2012, esta cifra había ascendido hasta 2 millones 463 759.

La consecuencia es que, durante los últimos diez años, el número de trabajadores públicos aumentó 83 % y en promedio, cada día, ingresaron 310 nuevos empleados a la nómina, algo que nunca había ocurrido en la historia del país, a pesar de que, desde 1950, el petro-Estado ha empleado a más personas de las que en realidad necesita como una manera de repartir parte de la renta.

Si se recurre a una comparación con países vecinos surge que, al cierre del tercer trimestre de 2012, en Colombia, 3,9 % de las personas ocupadas laboran para el Estado; en Perú, 8,4 % y en Venezuela, 19,6 %.

Los planes sociales también son una faceta del clientelismo. La distribución de recursos a la población en situación de pobreza, becas, alimentos subsidiados, forma parte de la estrategia política, como bien lo reconoció Hugo Chávez al señalar que el diseño de estas iniciativas surgió como un arma para remontar en las encuestas antes del referendo revocatorio de 2004. A medida que el Gobierno fue ganando discrecionalidad en el manejo de la renta petrolera, pudo utilizar para fines políticos los recursos, algo que, si bien también existió en los mandatos de Acción Democrática y Copei, estaba limitado por un marco institucional más fuerte.

El politólogo Michael Penfold señala en una investigación sobre este tema que la distribución de recursos a través de las misiones, antes del referendo revocatorio de 2004, tuvo implicaciones políticas porque en los estados y municipios donde Hugo Chávez había obtenido mayor cantidad de votos en las contiendas de 2000 se inyectó una suma superior de dinero, un factor que evidentemente jugó a favor de rescatar la popularidad perdida[45].

Entre septiembre y noviembre de 2003, el Gobierno puso en marcha la Misión Sucre y la Misión Ribas, programas donde adultos que no habían cursado el bachillerato o querían culminar una carrera universitaria recibían becas, dinero en efectivo. Dice Michael Penfold:

> ... Al repartir dinero en efectivo, el chavismo logró la compra masiva de votos a la vez que distribuía los ingresos del petróleo entre los más pobres. En otros programas (Barrio Adentro y Mercal), el gasto obedeció a consideraciones demográficas y criterios políticos, a saber, si el gobernador o el alcalde estuvieran o no a favor del Gobierno. En estos casos particulares, las variables de pobreza no contaban con influencia alguna en la determinación de la distribución de recursos en los estados y municipios[46].

El sistema neopatrimonial conduce a una permanente inestabilidad fiscal. El clientelismo exacerbado y la discrecionalidad se traducen en un gasto que crece de manera descontrolada y, en el lado de los ingresos, el Gobierno mantiene subsidios cada vez más onerosos, como es el caso del precio de la gasolina que, bajo la administración de Hugo Chávez, llegó a niveles exorbitantes, al punto que en 2012, al tomar en cuenta el costo que hubiesen tenido los barriles vendidos en Venezuela en el

---

45 Penfold, 2006.
46 Corrales y Penfold, 2012: 68.

exterior, hubo una transferencia de 16 000 millones de dólares, una cifra que representa más de la mitad de las reservas internacionales del país[47].

Todo indica que, a medida que el sistema neopatrimonial se hace más intenso, el desajuste en las cuentas públicas crece, como lo demuestra que en 2012, a pesar de que el precio de la cesta petrolera venezolana se cotizó en la cumbre histórica de 103 dólares el barril, las finanzas del Gobierno culminaron el año con un desequilibrio entre ingresos y gastos de 18 % del PIB, todo un récord[48].

Christian von Soest, Karsten Bechle and Nina Korte analizan el comportamiento del neopatrimonialismo en seis países: Argentina, Venezuela, Indonesia, Filipinas, Kenya y Zambia, tomando como parámetro para la comparación la concentración de poder, el clientelismo sistemático y la corrupción. Determinan que, entre 1996 y 2009, Venezuela registra un marcado incremento del virus neopatrimonial.

Evidentemente, este incremento de la estructura neopatrimonial marcha de la mano del aumento en los precios del petróleo y, por ende, de la renta que maneja el Gobierno. Todo indica que en Venezuela, mientras más se eleve el costo del barril, más se agravan los síntomas de esta enfermedad.

VUELTA A LA EUFORIA

Después del Viernes Negro, los presidentes venezolanos tuvieron que engavetar los sueños de grandeza. Con el declive de los precios del petróleo, afloró la inconsistencia del modelo rentístico y el país, repleto de recursos naturales, se empobreció sin pausa durante veinte años. Pero en 2004, con el rebote del barril, todo cambió. Nuevamente estaba a la mano la fantasía de diversificar la economía en poco tiempo, espolvoreando petrodólares, y Hugo Chávez no se resistiría al hechizo.

«Perfectamente podemos en dos años eliminar totalmente la importación de textiles, reducir al mínimo las importaciones de comida. El sector automotor. ¿No podemos producir computadoras? ¡Claro que podemos!

---

47 Cálculo del profesor del IESA Pedro Luis Rodríguez.

48 El cálculo del déficit corresponde a Barclays capital, y Bank of America toma en cuenta todo el gasto público, no solamente el Gobierno Central.

Vehículos, línea blanca, televisores, neveras, refrigeradores, lavadoras, línea forestal, mobiliario. Podemos producir todo eso pero hace falta que continuemos y afiancemos el cambio de paradigma», prometió lleno de entusiasmo, convencido de que ahora sí quedarían enterrados los años de infortunios y fracasos[49].

La Providencia depararía mucho más de lo que Hugo Chávez imaginaba aquella tarde de abril de 2004 en la que prometía sembrar el petróleo en tiempo récord. Durante cinco años continuos el barril no dejaría de elevarse y las arcas del Estado se oxigenarían con una bocanada de 290 672 millones de dólares provenientes de las exportaciones petroleras, una lotería insospechada, ocasionada por la invasión de Estados Unidos a Irak, la creciente demanda de energía en los países emergentes, principalmente China e India, y limitaciones para expandir la oferta de crudo[50].

La historia se divide en dos. El chorro de divisas que ingresa entre 2004-2008 supera en 164 % al obtenido por el chavismo en el lapso 1999-2003 y se equipara, después de realizar los ajustes necesarios para comparar, con lo que financió al proyecto de la Gran Venezuela de Carlos Andrés Pérez. Una súbita riqueza que despierta los reflejos heredados del pasado: disparada del gasto, *boom* de importaciones, subsidios, créditos a bajas tasas de interés, ayudas a otros países, pero que también añade el propósito de crear el Socialismo del Siglo XXI. Al fin y al cabo, la mano invisible que guía al gobierno es la convicción de que con recursos que lucen infinitos y una gran concentración de poder es posible inventar un nuevo modelo económico.

En el Foro de Porto Alegre, en 2005, es cuando Hugo Chávez señala que «tenemos que reinventar el socialismo [...] No puede ser el tipo de socialismo que vivimos en la Unión Soviética [...] Debemos superar el capitalis-

---

49 Salmerón. «Populismo contra el ALCA». *El Universal* 12-04-2004.

50 En 2004 el precio promedio de la cesta petrolera venezolana se ubica en 32,22 dólares. En 2005, en 45,32 dólares. En 2006, en 55,21 dólares. En 2007, en 64,74 y en 2008, en 88,74 dólares. El economista y profesor del IESA, Miguel Ángel Santos, después de ajustar por la inflación, pone de manifiesto la magnitud de los recursos que administró el chavismo durante los diez años comprendidos entre 1999-2008. «En dólares de 1958, durante los primeros veinte años de democracia (1959-1978) las exportaciones petroleras totalizaron 53 780 millones de dólares y en los veinte años siguientes (1979-1998), 66 170 millones. En los diez años que van entre 1999-2008 las exportaciones petroleras han sido de 52 290 millones de dólares de 1958». En términos reales el gobierno de Hugo Chávez recibió en estos diez años «más recursos que los primeros veinte años de democracia, y muy cerca de lo que recibió en los veinte años siguientes». Santos, 2009.

mo. Pero no podemos recurrir al capitalismo de Estado, que sería la misma perversión de la Unión Soviética». Posteriormente, en 2007, publica el Primer Plan Socialista Simón Bolívar, que contempla la pérdida de terreno del sector privado a manos de las empresas del Estado y las empresas de economía social, llamadas a crear un sistema «interconectado, que progresivamente abarcará el mayor número de actividades económicas»; funcionarán «sin discriminación social en el trabajo», sin «privilegios asociados a la posición jerárquica» y donde «los trabajadores se apropiarán del excedente económico resultante, que se repartirá en proporción a la cantidad de trabajo aportado».

El documento se cuida de no mencionar porcentajes o áreas específicas en las que se toleraría la presencia del sector privado, pero se incluye un gráfico con tres circunferencias que describen la estructura deseada. Las circunferencias de las empresas del Estado y las empresas de producción social representan un área cercana a 75 % de la economía y el resto las «empresas capitalistas privadas»[51].

La idea de cambiar el modelo de propiedad va a persistir. De hecho, durante un foro en el Banco Central de Venezuela, Jorge Giordani, quien había aumentado su poder al añadir al ministerio de Planificación el de Finanzas y además actuaba como principal redactor del plan socialista, advierte que los retos a futuro incluyen conquistar «el control de la producción por parte de los trabajadores. Los trabajadores creando el plan de desarrollo. Alcanzar el sueño de Lenin» y afirma no albergar dudas de que «el modelo rentista capitalista» es incapaz de desarrollar el país y por tanto «hay que sustituirlo por el socialismo»[52].

Sin embargo, los pasos concretos del modelo solo logran incrementar el peso del Estado en la economía, expropiando y comprando empresas; endurecer el control sobre el sector privado a través de una madeja de leyes y poner en marcha iniciativas dispersas, con poco éxito, que intentan acelerar la llegada del mesías que espera el Socialismo del Siglo XXI: el fin del mercado.

El 8 de enero de 2007 marcaría el inicio de la nueva etapa. Hugo Chávez acudía a la Asamblea Nacional para rendir cuenta sobre la gestión

---

51 Proyecto Nacional Simón Bolívar. Primer Plan Socialista.
52 Salmerón, «Crece peso del Estado en la economía». *El Universal* 19-11-2009.

del año anterior y, si bien saludó efusivamente a los conjuntos de arpa, cuatro y maracas que lo recibían a la entrada y se mostró jovial con los partidarios que insistentemente coreaban su nombre, el discurso no tuvo tregua con la idea de modificar a fondo la economía: «todo aquello que fue privatizado, nacionalícese. Recuperemos la propiedad social sobre los medios estratégicos de producción», rugió.

La orden se convirtió en acción y el Gobierno recurrió a la boyante chequera petrolera para comprarle a multinacionales un conjunto de empresas estratégicas: la Compañía Anónima Nacional Teléfonos de Venezuela (CANTV), ficha central de las telecomunicaciones; La Electricidad de Caracas, que garantiza el servicio a la capital; Sidor, la principal siderúrgica del país; el Banco de Venezuela, entidad financiera situada entre las tres primeras en activos y todas las empresas del área del cemento (Cemex, Lafarge y Holcim).

Pero el párrafo anterior solo menciona los casos más resaltantes por el tamaño e importancia de las empresas, el turbulento proceso en el que el gobierno venezolano expande su presencia en múltiples sectores de la economía puede verse nítidamente en esta cronología[53].

2007

Febrero. El Gobierno firma la compra de la compañía eléctrica Seneca y del 82,14 % de Electricidad de Caracas, ambas controladas por capital estadounidense.

1 de mayo. Petróleos de Venezuela S.A. (PDVSA) toma simbólicamente el control de los campos petrolíferos de la Faja del Orinoco, con reservas estimadas en 316 000 millones de barriles, tras acordar la creación de empresas mixtas con mayoría estatal.

Mayo. El Gobierno nacionaliza la Compañía Anónima Nacional de Teléfonos de Venezuela (CANTV). Además, eleva al 92,98 % la participación estatal en Electricidad de Caracas con una OPA.

26 de junio.- Las estadounidenses Exxon Mobil y Conoco Philips rechazan formar una empresa mixta con mayoría accionarial de PDVSA en la Faja del Orinoco e inician un litigio contra el Gobierno venezolano.

---

53 *El Universal* 26-10-2010. La cronología fue publicada originalmente por la agencia de noticias EFE.

2008

Enero. Treinta y dos campos petroleros de la Faja del Orinoco pasan oficialmente a control estatal.

14 de marzo. Nacionalización de una cadena frigorífica y la empresa Lácteos Los Andes para garantizar la «soberanía alimentaria».

3 de abril. Hugo Chávez anuncia que nacionalizará «toda la industria cementera» del país.

9 de abril. Chávez ordena la nacionalización de la siderúrgica Sidor, del grupo italoargentino Ternium Techint.

31 de julio. Chávez anuncia que nacionalizará el Banco de Venezuela, filial del español Santander (decisión que quedó entonces congelada).

18-19 de agosto. El Gobierno acuerda comprar la cementera francesa Lafarge y la suiza Holcim (por 552 millones de dólares y 267 millones, respectivamente) y expropia la filial de la mexicana Cemex, con la que alcanza un acuerdo de pago en 2011 por 600 millones de dólares.

27 de agosto. Aprobada una ley que nacionaliza el transporte interno de combustible, del que PDVSA ya controlaba el 49 %.

5 de noviembre. El Gobierno anuncia la nacionalización en 2009 de la mina de oro Las Cristinas, explotada desde 2002 por la empresa canadiense Crystallex.

2009

28 de febrero. El Gobierno ordena la intervención y control militar de empresas arroceras a las que acusa de los desabastecimientos. La principal afectada es Alimentos Polar.

4 de marzo. Chávez ordena expropiar las plantas procesadoras de arroz de la empresa estadounidense Cargill, a la que acusa de «violar» la ley de producción de alimentos con precios controlados.

6 de marzo. Intervención de 1 500 hectáreas de tierras de la multinacional papelera irlandesa Smurfit Kappa, «para sembrar caraotas, maíz, sorgo, yuca, ñame».

15 de marzo. Chávez ordena la toma militar de los puertos de Maracaibo y Puerto Cabello, ante la resistencia de las autoridades regionales a transferir su gestión al poder central.

18 de marzo. La Alcaldía de Caracas firma un acuerdo amistoso de desalojo de un solar de Coca-Cola-Femsa.

26 de marzo. Chávez anuncia que la aerolínea Aeropostal, intervenida en noviembre de 2008, se convertirá en empresa de «propiedad social».

8 de mayo. Nacionalización de 60 empresas de actividades petroleras complementarias (transporte, inyección de agua, vapor o gas) en el lago de Maracaibo.

10 de mayo. El presidente Chávez expropia 10 000 hectáreas de latifundios para fomentar la producción de alimentos.

15 de mayo. El Gobierno inicia la «ocupación temporal», por 90 días, de una planta productora de pasta de la trasnacional estadounidense Cargill.

21 de mayo. Chávez anuncia la nacionalización de cuatro empresas metalúrgicas: Matesi, Comsigua, Orinoco Iron, Venprecar y una compañía fabricante de tubos de acero sin costura, con capitales japoneses, mexicanos, europeos y australianos.

21 de mayo. Chávez encabeza el acto de toma de control de la Planta Compresora de Gas Pigap II, expropiada a la firma estadounidense Williams Companies Inc.

3 de julio. El Gobierno formaliza la compra del Banco de Venezuela, filial en el país del Grupo Santander, con un primer pago del total de 1 050 millones de dólares acordados, en un acto que contó con la presencia del presidente de la entidad española, Emilio Botín.

14 de octubre. El Gobierno venezolano decreta la «adquisición forzosa» del Complejo Hotelero Margarita Hilton, tras vencer el 13 de octubre de 2009 el contrato que tenía la cadena Hilton para su gestión, según explica el Ministerio de Turismo.

21 de octubre. El Gobierno venezolano interviene dos centrales azucareras como paso previo a su expropiación, una de ellas de capital colombiano.

2010

19 de enero. La Asamblea Nacional declara de «utilidad pública e interés social» la cadena de hipermercados Éxito, perteneciente al grupo francés Casino, y un centro comercial caraqueño, como primer paso para la expropiación de esos bienes.

20 de enero. Chávez firma el decreto de expropiación de los seis mercados de la cadena Éxito.

7 de febrero. Chávez ordena la expropiación de un conjunto de edificios en el centro de Caracas para «recuperar su valor histórico».

13 de febrero. El mandatario anuncia que aceptó una propuesta del grupo francés Casino y comprará el 80 por ciento de su paquete de acciones en la empresa Cativen, propietaria de los expropiados hipermercados Éxito y de la cadena de automercados Cada.

27 de abril. Chávez firma el decreto de expropiación de unos galpones de las empresas Polar, la mayor productora y procesadora de alimentos del país, a la que recomienda resignarse y no resistirse a la medida.

12 de mayo. El Gobierno anuncia la nacionalización de la Universidad Santa Inés, en Barinas, el estado natal de Chávez, por presentar supuestas «irregularidades administrativas».

13 de mayo. El Gobierno decreta la expropiación de la empresa de alimentos Sociedad Mercantil Molinos Nacionales (Monaca), participada mayoritariamente por el grupo mexicano Gruma.

6 de junio. Anuncio de «adquisición forzosa» de las empresas Envases Internacional y Aventuy, fabricantes de envases de aluminio y cartón para alimentos, respectivamente. Además, se decretó la expropiación de la Empresa Industria Nacional de Artículos de Ferretería y de nueve comercios, cuatro en Caracas y el resto en el interior del país.

24 de junio. Orden de nacionalización de 11 taladros petroleros de la empresa estadounidense Helmerich & Payne (H&P).

3 de octubre. Nacionalización de la empresa Agroisleña, con capital español y la principal distribuidora de productos para el campo, con 82 puntos de venta y ocho silos en todo el país.

25 de octubre. Orden de expropiación de la sucursal en Venezuela de la empresa estadounidense Owens Illinois, líder mundial en la fabricación de envases de vidrio para bebidas, alimentos, medicamentos y cosméticos.

31 de octubre. Chávez ordena la expropiación de la firma Siderúrgica del Turbio (Sidetur), filial del principal grupo siderúrgico privado de Venezuela Sivensa y de seis conjuntos urbanísticos paralizados, así como la «ocupación temporal» de otros ocho, la mayoría en el entorno de Caracas.

03 de noviembre. En *Gaceta Oficial* número 39 543 aparece el decreto de adquisición forzosa del Centro Comercial Sambil de La Candelaria, en el que se encarga al Ministro del Poder Popular para el Comercio, Richard Canán, de concretar la ejecución de la medida.

04 de noviembre. Mediante el Decreto Nº 7 786 se ordenó la adquisición forzosa de todos los bienes muebles, inmuebles y bienhechurías propiedad de la sociedad mercantil Siderúrgica del Turbio.

06 de noviembre. El Gobierno anuncia la «adquisición forzosa» de la empresa textilera Silka, ubicada en Los Teques, que había sido cerrada hace 17 años.

17 de noviembre. En la *Gaceta Oficial* número 39 553, de fecha 16 de noviembre, salió publicado el decreto mediante el cual se ordena la expropiación de los bienes y bienhechurías de los complejos urbanísticos Lomas de la Hacienda, El Encantado, Mata Linda, El Fortín y San Antonio.

Tras este agitado proceso, el Gobierno pasó a controlar el primer grupo financiero del país. Después de concretar la compra del Banco de Venezuela, fusionó a Banfoandes, una pequeña entidad del Estado, con cuatro bancos intervenidos (BaNorte, Bolívar, Central y Confederado) para dar origen al Banco Bicentenario.

El resultado es que, al añadir estas dos fichas al rompecabezas financiero del Estado, que ya tenía al Banco Industrial, el Banco Agrícola y el Banco del Tesoro, el Gobierno adquirió una posición de dominio en el sector financiero. Al cierre de febrero de 2013, amasaba 33 % de los depósitos, 26 % de los créditos y 34 % de los activos.

En el sector de alimentos obtuvo el dominio en la mayoría de la estructura para la producción de café, tras asumir la administración de Fama de América y Café Madrid; comenzó a gestionar 11 centrales azucareros de los 17 que hay en el país; fundó compañías de helados como Copelia; La Gaviota, de sardinas y atún. Creó un rompecabezas con empresas públicas donde Mercal se ocupa de la comercialización de alimentos; Fundaproal otorga subsidios; el SADA diseña programas de

almacenamiento; PDVAL vende productos a precios regulados; Venalca-
sa empaqueta; Logicasa se encarga de la distribución, Casa comercializa
y suministra insumos, mientras que las miles de hectáreas expropiadas
deberían garantizar el crecimiento de la producción agrícola en el país,
sobre todo, de harina de maíz, arroz, carne y leche.

Además es el único productor de cemento, hierro, acero, aluminio
y asfalto; el principal empresario en el ramo de las telecomunicaciones; el
proveedor de servicio eléctrico; el gran manejador de las almacenadoras
portuarias; cuenta con Venirauto, una asociación con Irán para incursionar en el terreno automotor; Suvinca, una comercializadora; e incluso
se convirtió en todo un magnate en el campo de los medios de comunicación con periódicos, revistas, radios y cuatro canales de televisión.

Junto a la expansión del rol del Gobierno en la economía, crecen las
regulaciones para el sector privado, a fin de domesticar «un viejo sistema
(el capitalismo) que no ha terminado de fenecer, basado en el individualis-
mo egoísta, en la codicia personal, y en el afán de lucro desmedido»[54]. Al
control de precios, control de cambio, control de tasas de interés, control
de comisiones en la banca, se añaden la imposibilidad de exportar alimentos, salvo cuando la demanda nacional no esté suficientemente abasteci-
da; inamovilidad laboral, licencias de importación, adjudicación directa
de contratos del Estado a empresas aliadas, aumento en las penalidades
al empleador, importaciones directas del Estado para competir con bajos
precios, disminución del rol de la banca como administradores del crédito,
obligándola a entregar dinero al Estado a cambio de bonos, para que sea el
Gobierno el encargado de otorgar préstamos al sector agrícola e hipotecario.

En este entorno, el Banco Mundial, a través de su estudio *Doing
Business*, va a catalogar a Venezuela como el país con peor clima de negocios de América Latina, colocándolo por debajo de Haití y Surinam.
Incluso, a escala global solo cuatro naciones tienen peores condiciones
para la inversión: Congo, Eritrea, Chad y República Centroafricana[55].

El intento por crear un espacio donde la economía no responda a
la ganancia y la rentabilidad contará con varias expresiones, pero la más

---

54 Primer Plan Socialista 2007-2013: 5.
55 Ranking disponible en línea: http://espanol.doingbusiness.org/rankings

emblemática es el deseo de fomentar el trueque. Hugo Chávez lo explicó de forma sencilla a un grupo de pescadores: «Una tremenda cachama te la cambio, ¿por qué? Por tres racimos de plátano» y acto seguido advirtió a sus ministros que «quiero ir a ver resultados. Mercados comunitarios, mercados de trueque. Ustedes me dirán: ¡Chávez se está volviendo loco! Bueno, es que es la única manera de romper con el capitalismo desde abajo»[56].

Al intercambiar bienes sin que medie el dinero convencional surgen intercambios disparejos. ¿Cuántas cachamas se cambian por una chaqueta?, o la posibilidad de que quien tiene la chaqueta no desee comer cachama en ese instante. Para corregir este problema, el Gobierno, después de promover seminarios para analizar el tema, creó monedas locales para que funcionen como una especie de vale en determinadas zonas geográficas. Surgió así la lionza, el zambo, el ticoporo y el tamunangue, entre otras.

Bajo una tremenda falta de liquidez, desempleo desbocado e inflación de dos dígitos, el trueque y las monedas alternativas florecieron en la Rusia de finales de los 90 y en la Argentina de principios de esta década, como una manera de aliviar el colapso. Pero el fin de la revolución bolivariana es construir una alternativa al capitalismo, mediante sustitutos del dinero, propósito que principalmente debe a Heinz Dieterich, alemán, profesor de la Universidad Autónoma Metropolitana de México (UAM), quien publicó, entre otros, el libro *Chávez y el socialismo del siglo XXI*, y ganó gran influencia en el Gobierno. Constantemente visitaba Caracas para reunirse con funcionarios del más alto nivel.

Dieterich combina en sus trabajos los conceptos de Arno Peters para moldear lo que llama «la economía equivalente», que deberá sustituir al mercado, eliminando la noción de precio y dando paso a un sistema donde los bienes se producen para cubrir necesidades y se intercambian al mismo valor. Sostiene que «toda transformación socialista pasa por quitarle el revólver al capital, es decir, el poder del precio».

¿Cómo erradicar los precios? El ideal es que el valor venga dado por el tiempo empleado para producir. Para introducir esta idea, Heinz Dieterich propone que

---

56 Salmerón y Tovar, *El Universal* 30-07-2006.

... el empaque de un litro de leche, por ejemplo, llevaría la siguiente denominación: precio: 2 000 bolívares; valor: 10 minutos. Al comprar diversos productos, el comprador se dará cuenta de que la relación entre valor y precio varía. Por ejemplo, que en un producto 10 minutos de trabajo se expresan en 2 000 bolívares y que en otro producto valen 10 000 bolívares. La disonancia cognitiva que entrañan ambas expresiones genera inevitablemente un proceso de reflexión y discusión social que genera conciencia socialista.

Es decir, al expresarse el valor del producto con una medida objetiva y transparente, la socialista (tiempo) y, al mismo tiempo, una medida dictatorial y explotativa, la capitalista (precio), se extiende la dualidad de la lógica económica socialista y capitalista desde la empresa hacia la vida cotidiana de los ciudadanos: desde la esfera de producción de las mercancías hacia la esfera de circulación, el mercado, el corazón del sistema capitalista. No puede haber forma más pedagógica e impactante de acercar al ciudadano a la problemática de la economía socialista que esta[57].

La pretensión de acabar con el mercado no pasa de incipientes experimentos en comunidades apartadas como Urachiche, en el estado Yaracuy, donde los fines de semana algunos pobladores intercambian bienes utilizando las monedas de trueque. Las cooperativas, otro de los instrumentos empleados, no logran alzar vuelo y las empresas de producción social tampoco se expanden en medio de severos problemas de gerencia. Víctor Álvarez, quien se desempeñó como ministro de Industrias Básicas y Minería, reconocería a finales de 2008 que el peso de la «economía social» se ubicaba en tan solo 1,6 % del PIB a pesar de los múltiples esfuerzos[58].

CADÁVER EXQUISITO

¿Cuál será el resultado de la ampliación en el rol del Estado, la dinámica del *boom* petrolero, el control sobre el sector privado y los experimentos socialistas?

---

57 Heinz, 2006 <www.rebelion.org>
58 Álvarez R., 2012.

La radiografía que muestran las estadísticas oficiales desnuda que a pesar del colapso sufrido a comienzos de 2002, cuando el declive de los precios del petróleo lo obligó a devaluar la moneda, el Gobierno no resiste la tentación de incursionar por el mismo camino. En el lapso 2004-2008 Venezuela transitará, una vez más, por el clásico ciclo de aumento sostenido del gasto público, dólar barato, alza de las importaciones y endeudamiento.

Tan pronto el petróleo comienza el despegue que lo llevará desde un valor promedio de 32 dólares en 2004 hasta 88 dólares en 2008, es decir, el mayor precio de la historia después de realizar los ajustes correspondientes para comparar con los años setenta y ochenta, el Gobierno suministra crecientes raciones de gasto público a través de aumentos de salarios, las misiones, contratos a empresas, subsidios, que elevan el dinero en los bolsillos de la población y ponen en movimiento el carro de la economía[59].

A la transfusión de billetes se añade un sistema financiero obligado a mantener muy bajas tasas de interés, por debajo de la inflación, y las limitaciones para comprar dólares por el control de cambio. Entonces, ¿qué hacer con el dinero y la facilidad para endeudarse?

¡Consumir! En medio de las prédicas sobre el Socialismo del Siglo XXI, la venta de automóviles alcanzará cifras récord, los restaurantes estarán repletos, prácticamente todo lo que los comerciantes coloquen en el anaquel desaparecerá en poco tiempo. Para la clase media habrá llegado el momento de vender el carro y adquirir un Aveo, Corsa, o cualquiera de las marcas que se hacen populares, mientras que los estratos de menos recursos compran electrodomésticos, motos chinas, teléfonos BlackBerry como símbolo de estatus. El Banco Central precisa que el consumo de bienes y servicios de los hogares venezolanos se dispara 66% al contrastar 2008 con 2004.

---

59   El gasto del sector público restringido, una medida que incluye al Gobierno central, PDVSA, seguridad social y empresas públicas no financieras aumenta desde 31,9% del PIB en 2004 hasta 34% en 2008. Pero los gastos extraordinarios aumentan desde 2,7% del PIB hasta 11% del PIB de acuerdo con cifras del Ministerio de Finanzas. La firma Ecoanalítica, reconocida por el seguimiento que hace de la economía venezolana, elaboró un indicador conocido como Expansión Real del Gasto (ERG) que muestra al sector público restringido como un todo. El ERG mide la expansión del gasto como el diferencial interanual del déficit financiero más la suma del diferencial interanual del ingreso global, en miles de millones de dólares. Señala que en 2008 «el ERG fue de 64 431 millones de dólares, es decir, que la expansión real del gasto el año pasado fue equivalente a más de cuatro veces la expansión de 2007 y a más de treinta veces la del primer año de gestión de Chávez». Ecoanalítica, 2010: 4.

Otra forma de observar la tendencia es que el portafolio de las torres bancarias registra que el financiamiento para la compra de vehículos y el uso de las tarjetas de crédito aumenta desde 11 % del total de préstamos hasta 23 %, pero estas cifras no muestran el nicho que descubrieron los banqueros en medio de la efusividad petrolera.

Aparte de comprar mucho más en todo lo previsible, los venezolanos querían embellecerse, lucir espléndidos y la banca comenzó a prestar para cirugías que agrandan y redondean los senos, liposucción para eliminar grasa, perfilar la nariz, en fin, cumplir todo tipo de anhelo con resultados milmillonarios. Si antes, en los tiempos primitivos, era necesario apretarse el corsé hasta desmayar para tener una cintura avispa, ahora solo se requería un bisturí financiado en cómodas cuotas.

«Arrancamos el pasado seis de marzo con tasas de interés atractivas, financiamos desde dos millones hasta 50 millones y cubrimos el 80 % del tratamiento. En apenas dos meses ya hemos recibido solicitudes de créditos sobre los dos mil millones de bolívares y aprobado mil doscientos millones» me aseguraba Guillermo Blanco, gerente de desarrollo de productos del Banco del Caribe en mayo de 2006[60].

En medio del auge del consumo, Hugo Chávez se mostraba como un predicador en Las Vegas, llamando al socialismo.

> Qué cosa tan absurda esa de que todo el mundo quiere tener un carro y a veces no hay ni donde parar los carros, en vez de montarte en el metro, o agarrar un autobús o caminar o como hacen los chinos; bicicletas, compadre. Hay que dejar atrás la sociedad consumista y automovilística. Me preocupa que una de las primeras preocupaciones de un muchacho que se va a graduar de subteniente es el carro[61].

No obstante, el mismo Gobierno se había asociado con Irán para construir automóviles a través de la empresa Venirauto y la cantidad de carros en las autopistas crecía vertiginosamente haciendo del tráfico de Caracas un infierno; pero la mentalidad socialista se manifestaba en

---

60 Salmerón, *El Universal* 21-05-2006.
61 Salmerón, *El Universal* 22-08-2007.

que el presidente no consideraba prioritario ampliar las vías disponibles. «Por ahí me dicen: ¿Chávez, por qué no le haces un segundo piso a la autopista? No, te voy a poner cinco pisos a la autopista; yo voy a gastar no sé cuántos miles de millones de dólares para hacerte tres autopistas, una encima de la otra. ¿Y los ranchos? ¿Quién atiende a los ranchos?» se preguntaba el líder revolucionario[62].

A la par de que inyectaba gasto en crecientes dosis, el Gobierno asume, nuevamente, una estrategia cambiaria extensamente utilizada en anteriores períodos de frenesí petrolero: el tipo de cambio oficial permanece inalterable en 2,15 bolívares por dólar desde marzo de 2005, a pesar de que la inflación en el país es mayor que la existente en el resto de América Latina y Estados Unidos. Técnicamente surge la sobrevaluación de la moneda: lo que se compra con un dólar en el exterior es mucho más de lo que puede adquirirse con 2,15 bolívares en el país.

Los productos importados son más baratos que los nacionales; los venezolanos pueden consumir quesos suizos y vinos franceses a bajo costo. El inconveniente está en que la producción nacional pasa a tener un techo bastante bajo. La industria manufacturera sufre por la competencia y crece mucho menos que los sectores beneficiados con las importaciones, como comercio, que expande las ventas; bancos, que otorgan créditos para el consumo, y transporte, porque distribuye la carga que llega a las aduanas[63].

Como los costos de los empresarios venezolanos aumentan en mayor magnitud que el de sus competidores, porque la inflación que sufren es más elevada y el tipo de cambio oficial permanece fijo, el precio de sus productos, en el caso de que logren exportar, es muy alto; son muy poco competitivos. En este entorno, como era previsible, las importaciones se disparan y las exportaciones distintas al petróleo se estancan.

Entre 2004-2008 las importaciones crecen 202 %, mientras que las exportaciones no petroleras, tarea básica para disminuir la dependencia en el barril, registran un declive de 12 %. Conscientes de que la economía

---

62 Ibídem.
63 Ecoanalítica construyó un índice para medir la sobrevaluación del bolívar respecto al dólar, el peso colombiano y el real brasileño. En septiembre de 2008, en relación al dólar, el bolívar estaba sobrevaluado en 52,1 %; respecto al peso colombiano 22,9 % y con el real brasileño 29,8 %. Ecoanalítica, 2008: 2.

no marchaba de acuerdo con los planes, los ministros insistirán en que un tercio de las importaciones corresponde a bienes de capital, es decir, maquinarias y equipos para incrementar la producción, de tal forma que era cuestión de tiempo que comenzara a florecer la diversificación[64].

Pero los funcionarios nunca explicaron que el Banco Central realizó un cambio metodológico e incluyó en la cuenta de bienes de capital productos como automóviles, teléfonos celulares, computadoras, muebles adquiridos por las empresas, que si bien constituían una inversión, no se trataba estrictamente de máquinas y equipos para aumentar la capacidad de producir.

Así, los petrodólares venezolanos, más que diversificar la economía, van a representar una excelente oportunidad de negocios para otros países. Entre 2004 y 2007, Estados Unidos, Colombia, Brasil, México y Argentina duplican o triplican el despacho de mercancías a Caracas.

En marzo de 2007, el presidente de Brasil, Luiz Inacio Lula da Silva, desnudó la marcha de las relaciones comerciales: «Tenemos una asociación con Venezuela; un tiempo atrás no le vendíamos casi nada, 300 millones. Hoy Brasil tiene un superávit comercial con Venezuela de más de 2 500 millones de dólares. Como ellos solo producen petróleo y nosotros no necesitamos comprar petróleo de ellos, llegó la hora en que aparecen problemas. Vamos a tener que comprarles alguna cosa»[65].

Si bien la economía crecía, se trataba de una expansión de mala calidad. Basta observar que el peso de la industria manufacturera en el PIB se redujo, es decir, la ponderación de un sector clave para generar empleo formal, exportar y adquirir tecnología no aumentaba: caía desde 16,6 % en 2004 hasta 15,3 % en 2008. Incluso, la producción de seis de las 16 áreas en que el Banco Central de Venezuela divide a la manufactura privada se ubicaba por debajo de 1997[66].

---

64 Las cifras del Banco Central registran que, en 2008, las importaciones suman 51 490 millones de dólares y, en 2004, 17 021 millones. Las exportaciones no petroleras en 2008 suman 5 987 millones y, en 2004, 6 797 millones.

65 Salmerón, *El Universal* 08-06-2007.

66 En 2004 la economía registra un crecimiento sideral de 18,3 % porque se compara respecto a 2003 cuando el paro empresarial, de PDVSA y la crisis política hundió la producción. En 2005 avanza 10,3 %, en 2006, 9,9 %, en 2007, 8,8 % y en 2008, 5,3 %. Cifras del Banco Central de Venezuela.

Al mismo tiempo, la ponderación de la agricultura en el PIB continuaba siendo mínima, inferior a 5 %. Víctor Álvarez, quien se desempeñó como presidente de la Corporación Venezolana de Guayana y formó parte del gabinete económico, admite que

> ... sin lugar a dudas, todo crecimiento que no se apoye fundamentalmente en la manufactura y la agricultura, que son los sectores que proveen los bienes para satisfacer las necesidades básicas y esenciales de la población, es un crecimiento de mala calidad, toda vez que no contribuye a la soberanía productiva y, más bien, refuerza la dependencia de las importaciones. Y en Venezuela, desde el último trimestre de 2003, la dinámica de crecimiento se ha concentrado en los sectores de comercio y servicios que se dedican, fundamentalmente, a distribuir y comercializar bienes y servicios importados aprovechando la sobrevaluación del bolívar[67].

Pero nada de esto causaba preocupación en el equipo encargado de manejar la economía. Al contrario, como signos de los nuevos tiempos, el primero de enero de 2008 se lanzó al mercado el bolívar fuerte, una moneda que restaba tres ceros a los precios y estaba llamada a ser el símbolo de la prosperidad. Gastón Parra Luzardo, presidente del Banco Central, afirmó tajantemente dos días antes de que los nuevos billetes y monedas comenzaran a circular que «la reconversión monetaria es una expresión del compromiso que asumen el Banco Central y el Ejecutivo Nacional para fortalecer la moneda, sustentar el crecimiento y el desarrollo económico-social del país y reafirmar el objetivo de estabilidad de la economía, fundamentado en la ejecución de un conjunto de políticas consistentes en el tiempo».

Sin embargo las inconsistencias crecían. Los altos precios del petróleo y la recaudación de impuestos en el Seniat quedaban cortos ante el alza del gasto público, así que la deuda en dólares de la República aumentó y no se creó un fondo de ahorro para amortiguar el impacto en caso de que el barril no pudiese retar por más tiempo la ley de la gravedad. El Fonden nunca fue visto como un mecanismo de ahorro; solo sirvió como un arma extra para elevar los desembolsos y, al cierre de 2008, las

---

67 Álvarez R., 2011: 245.

cuentas públicas estaban en rojo, los egresos superaban a los ingresos a pesar de la exuberancia del barril[68].

Si bien era cuestión de tiempo para que el modelo mostrara sus debilidades, Hugo Chávez sabe sacarle partido al aumento del consumo y al crecimiento impulsado por el *boom* petrolero. En 2006 aplasta a la oposición en las elecciones en las que se reelige para un nuevo período y, sobre todo, disminuye los índices de pobreza: la población de menos recursos mejora su calidad de vida como no lo había hecho desde 1983.

CRUZANDO LA LÍNEA

Para medir la cantidad de hogares en penuria, el Instituto Nacional de Estadística utiliza dos métodos. El primero tiene que ver con los ingresos: las familias que no obtienen suficiente dinero a través del salario, bonos, becas, pensiones, para comprar cada mes una canasta de alimentos básicos que permitan a cada integrante ingerir al menos 2 200 calorías diarias son catalogadas como pobres extremos. Luego, las familias cuyo ingreso no les permite costear una canasta que añade a los alimentos básicos servicios esenciales, como luz eléctrica y transporte, son pobres.

La segunda metodología es conocida como necesidades básicas insatisfechas: se trata de precisar cuántos hogares sufren de inasistencia escolar, hacinamiento crítico, vivienda inadecuada, carencia de servicios básicos y alta dependencia económica. En este criterio, las familias que presentan una de estas características son pobres y, si presentan dos, pobres extremos.

¿Qué nos dicen las cifras oficiales? Al cierre de 1998, cuando Hugo Chávez asume la presidencia, 43,9 % de los hogares venezolanos eran pobres y, de estos, 17,1 % pobres extremos. En medio de la crisis económica, la turbulencia política y la improvisación en planes sociales de los primeros cinco años de gestión, al cierre de 2003, el 55,1 % de los hogares son pobres y 25 % pobres extremos. Si se utiliza el criterio de necesidades básicas insatisfechas,

---

68   El Banco Central precisa que la deuda externa aumenta desde 28 000 853 millones de dólares al cierre de 2003 hasta 50 909 millones de dólares al cierre de 2008. El Sector Público Restringido, que incluye el Gobierno Central, empresas públicas no financieras, el IVSS y Fogade, de acuerdo con el Ministerio de Finanzas cerró 2008 con un déficit de 2,6 puntos del PIB.

al cierre de 2003 también se registra un aumento y 30,5 % de los hogares venezolanos son pobres, de los cuales 12,5 % viven en pobreza extrema[69].

Pero la tendencia da un giro total a partir de 2004, con la llegada del *boom* petrolero y la puesta en marcha de las misiones sociales. Al cierre de 2008, de acuerdo con el ingreso, los hogares pobres han descendido hasta 27,5 % de los cuales 7,6 % son pobres extremos. Al evaluar por necesidades básicas insatisfechas, la mejoría es menos notable, pero clara: los hogares pobres disminuyen siete puntos porcentuales, hasta 23,4 % y los que se encuentran en pobreza extrema, cuatro puntos, hasta 8,5 %.

Este descenso de la miseria solidifica el nexo de las clases de menos recursos con Hugo Chávez. El sociólogo e investigador del Centro de Estudios del Desarrollo (Cendes), Carlos Aponte Blank, quien ha analizado a fondo la política social en el país explica que

> Chávez logró transmitir que para su gobierno la prioridad era el compromiso con los más vulnerables. Además tuvo mucha penetración la exaltación de la pobreza, la idea de que el reino de la tierra pertenece a los humildes. La población de menos ingresos se sentía virtuosa en medio de un discurso del líder que insistía en la maldad, la miseria humana de quienes englobaba con el término de oligarcas. Pero hay que precisar que en la primera parte de su gobierno ese discurso logró captar la atención; sin embargo, el apoyo político al proyecto descendió hasta 30 % como lo demuestran las encuestas de 2003. Entonces, la popularidad aumenta cuando suben los precios del petróleo y la población por primera vez en veinte años tiene una mejora continua de su ingreso por más de cinco años».

Si bien el chavismo ha construido una historia según la cual las misiones son la principal causa en el declive de la pobreza, la realidad es que el colosal *boom* petrolero y los mecanismos clásicos para transmitirlo, como importaciones baratas, aumento del empleo público, incremento del salario mínimo, consumo que alienta la ocupación en el sector formal de la economía, son las razones fundamentales[70].

---

69 Instituto Nacional de Estadística: Síntesis de estadística de pobreza.

70 La tasa de desempleo cae desde 16,8 % en 2003 hasta 6,8 % en 2008 y el sector informal se reduce cinco puntos, según cifras del INE.

Dice Carlos Aponte:

Resulta bastante claro que la pobreza de ingreso está relacionada con la mejora del empleo y del ingreso laboral y que estas mejoras están condicionadas por la muy favorable situación económica derivada de la bonanza petrolera. Se le ha atribuido un peso desproporcionado a las misiones. Las transferencias por parte del Estado son bajas, pero la campaña comunicacional, más las mejoras por los resultados de la economía, han creado la percepción de que las misiones tienen un gran efecto.

La fuente más confiable para evaluar el desempeño de las misiones, en medio de la opacidad de los distintos ministerios, es la Encuesta de Presupuestos Familiares que elabora el Banco Central de Venezuela y la frialdad de los números, al cierre de 2009, demuestra que estos programas tienen un impacto reducido en cuanto a la redistribución del ingreso. El Banco Central cuantificó el monto del subsidio que el Gobierno entrega a los hogares al venderles alimentos a precios inferiores a los del sector privado y ofrecerles servicios de educación y salud gratuitos. El resultado es que las transferencias de recursos representan 6,7 % del gasto total que realizan los hogares y significan, a precios de mercado, 2,3 % del PIB[71].

Esta apreciación del Banco Central coincide con un estudio elaborado por la Comisión Económica para América Latina y el Caribe (Cepal) en el sentido de que el gasto social en Venezuela, que incluye las misiones, no es la principal causa de las mejoras en la redistribución del ingreso en el período 2002-2010. Al contrario, el principal factor es la remuneración que reciben los trabajadores. El informe precisa que «en Colombia, Costa Rica, Nicaragua, El Salvador y Venezuela la variación

---

71 En alimentación se evaluó Mercal y Pdval. El Banco Central explica que calculó el precio promedio que tienen los alimentos vendidos en Mercal y Pdval en los comercios privados, para obtener la diferencia y, por ende, el monto del subsidio, es decir, lo que se ahorran las familias al comprar allí. En el caso de salud, se identificaron los hogares que recibieron atención en Barrio Adentro, clínicas populares, ambulatorios, hospitales públicos, Misión Milagro (operaciones de la vista), Misión Sonrisa (atención odontológica) y hospitales del seguro social. Se calculó el precio promedio de estos servicios en centros privados y se obtuvo la diferencia. En educación, se calculó el precio promedio que tienen las mensualidades y matrículas en instituciones privadas para cargarlo como subsidio a los beneficiados de la Misión Robinson (educación básica de primero a noveno grado), Misión Ribas (educación media, técnica y profesional), Misión Sucre (técnico superior) y Misión Alma Máter (universitario).

de los ingresos laborales explica el 90 % o más de la variación del ingreso total por adulto»[72].

De acuerdo con esta conclusión de la Cepal, el *boom* petrolero y su efecto sobre el incremento del empleo en el sector formal, así como los aumentos del salario mínimo decretados por el Gobierno y medidas como la inamovilidad laboral, que impide que las empresas reduzcan la nómina, son los ingredientes esenciales para explicar el descenso de la pobreza en el país.

Las políticas sociales de otros países de la región han sido más decisivas en las mejoras del ingreso que en la Venezuela socialista. Dice la Cepal:

> Por su parte, el cambio distributivo de los ingresos no laborales contribuyó en un 50 % o más a la reducción de la desigualdad de los ingresos por adulto en Chile, el Ecuador, el Paraguay, la República Dominicana y el Uruguay, mientras que en la Argentina y el Brasil su contribución superó el 40 %. Los ingresos no laborales proceden de fuentes de diversa índole. Los países en que estos ingresos jugaron un papel redistributivo más destacado comparten como característica que este se origina en las transferencias públicas, es decir, en la acción específica de los gobiernos a través de la política social[73].

Las misiones educativas deben ser evaluadas con cuidado. El Banco Central indica que un millón 164 215 personas acudieron alguna vez a la Misión Robinson (primaria), Misión Ribas (secundaria), Misión Sucre (técnico superior) y Alma Máter (universitario) pero, al cierre de 2009, solo 177 992 culminaron los estudios, es decir, 15 de cada 100.

La incidencia de las misiones educativas en la matrícula nacional es moderada; la mayor parte de las personas que estudian lo hacen a través de la red pública y privada tradicional. En el caso de educación primaria las misiones tienen un peso bajo: solo 0,6 de cada 100 estudiantes acuden a estos programas; en educación media, 18,6 de cada 100 y en la técnico-universitaria, 16,2 de cada 100[74].

Al comentar los resultados de la Encuesta de Presupuestos Familiares, el Banco Central considera que «la estructura de gasto de Mercal tiene

---

72 Cepal 2011: 57.
73 Ibídem: 18.
74 Encuesta Nacional de Presupuestos Familiares, Banco Central de Venezuela resultados a 2009.

especial relevancia para la población de menores ingresos. Es decir que 16 % de los individuos más pobres compraron al menos un producto en esta cadena gubernamental y 10,1 % de la población en pobreza también hizo lo propio»[75]. ¿El hecho de que 16 de cada 100 personas en condición de pobreza extrema haya comprado al menos un producto en Mercal al cierre de 2009 puede catalogarse como un éxito importante de la política social?

Un elemento a considerar es que la oferta de Mercal estaba altamente concentrada en solo cinco productos. El Banco Central precisa que harina de maíz precocida, pollo, arroz, azúcar y pastas alimenticias representaban 7,7 de cada 10 kilos vendidos en la red; por lo tanto, los mercados y abastos privados tenían un peso muy importante para los consumidores. Además, desde 2003 el precio de estos productos estaba regulado y las empresas solo podían hacer pequeños incrementos cuando lo permitían las autoridades, de tal forma que la diferencia entre lo que representaba acudir a Mercal o a un establecimiento privado no era relevante.

Pero el Gobierno supo hacer ajustes y a partir de 2009 el subsidio a través de Mercal creció de una manera importante. Desde ese año y al menos hasta abril de 2013 no hubo incrementos en el precio de los productos, a pesar de que se permitieron aumentos en los bienes controlados. El resultado es que, por ejemplo, aunque la harina de maíz precocida, esencial para hacer las arepas, el principal elemento de la dieta diaria en Venezuela, tenía un costo en abril de 2013 de 5,9 bolívares a precio regulado, en Mercal solo costaba 1,6 bolívares.

Otra modificación consistió en comenzar a vender productos no subsidiados a fin de elevar los ingresos y disminuir el impacto del subsidio en el precio de los alimentos básicos. Félix Osorio, presidente de la red, explicaba en abril de 2012 que «necesitamos mantener la infraestructura y Mercal ya tiene 10 000 trabajadores; tenemos que pagar salarios, mantenimiento de equipos, transporte, seguridad, las bolsas, todo. La operatividad la mantenemos con la venta de los productos que no están subsidiados, porque del Estado no recibimos dinero para eso»[76].

---

75 Nota de prensa del Banco Central de Venezuela enviada a los medios de comunicación el 22 de octubre de 2011.
76 Contreras, *El Universal* 29-04-2012.

En 2011 el subsidio tuvo un costo para el Estado de 5 600 millones de bolívares y en mayo de 2012 ya superaba los 8 000 millones. Al explicar el vertiginoso ascenso, Félix Osorio señaló que

... influyen dos variables: el precio del producto en el mercado nacional, porque cuando aumenta el precio de alguno de los productos básicos, como harina de maíz o arroz, y se deja igual el precio de Mercal, el subsidio tiene que ser más alto. Además, la leche, que la vendemos en Bs. 7,89 y está regulada en Bs. 26,7, depende del precio internacional: mientras más sube más necesitamos subsidio.

En el caso de los servicios de salud, la penetración fue alta desde un comienzo. El Banco Central indica que «entre 2008 y 2009, 13 millones 526 000 personas manifestaron haber sido usuarios de las misiones», que en este caso incluyen Barrio Adentro (módulos en los barrios, salas de diagnóstico, hospitales modernizados y centros especializados), Misión José Gregorio Hernández (atención a discapacitados), Misión Milagro (oftalmología) y Misión Sonrisa (odontología).

La política del Gobierno para enfrentar la pobreza no se limita a las misiones. De hecho, existen logros que merecen ser resaltados. Carlos Aponte menciona que «es evidente el aumento del gasto social. Entre 2006 y 2009 y luego entre 2011 y 2012, el gasto social real por habitante llega a su más alto nivel en toda la historia de las finanzas públicas. La mejora de la matrícula educativa y el incremento de la cobertura, monto y regularidad del pago de las pensiones de vejez crecen desde 400 000 en 1998 hasta 2,4 millones en 2012».

Pero queda mucho por hacer. Indica Carlos Aponte:

La seguridad social sigue cubriendo a una porción minoritaria de la población económicamente activa, lo que refuerza el reto para su financiamiento en el porvenir. En 2009 la población de sesenta años y más cubierta por pensiones de vejez alcanzó 43 % y con la importante ampliación de los tres años siguientes ya debería haberse superado el 50 %. La indiscutible relevancia de este avance no deja de evidenciar, sin embargo, el significativo reto que representa el déficit que persiste para alcanzar la cobertura universal[77].

---

77   Para profundizar en todos los aspectos de la política social puede consultarse el trabajo *La situación social de Venezuela: balance y desafíos,* octubre de 2012, de Carlos Aponte.

Los acontecimientos que estaban por comenzar y que marcarían el desenvolvimiento de la economía durante 2009 y 2010 dejarían en claro la estrecha relación que existe entre la suerte del barril y los índices de pobreza en Venezuela.

TIEMPO NUBLADO

La Navidad de 2007 encontró a una porción importante de los venezolanos con jeans nuevos, más dinero en el bolsillo, teléfono celular, una moto o carro financiado a bajas tasas de interés y un ambiente donde quien quería emplearse podía hacerlo sin gran esfuerzo. Además, las familias con tarjetas de crédito tenían dólares baratos para ir de compras a Miami. En líneas generales todo lucía bien, pero los problemas de fondo no tardarían en aflorar.

El gasto público comenzó a perder fuerza para impulsar la economía porque el ciclo de crecimiento fácil llegaba a su fin. Producto de la convulsión política, las empresas producían muy por debajo de su capacidad al cierre de 2003. Entonces, entre 2004 y 2007, la escalada del precio del petróleo disparó el gasto público, las órdenes de compra comenzaron a llegar y las máquinas que permanecían desenchufadas en las plantas de las empresas entraron en funcionamiento. Solo había que utilizar los recursos que estaban allí y, en ese contexto, la expansión del gasto público es muy efectiva.

Pero una vez se han empleado todas las máquinas disponibles, la única manera de incrementar la producción es comprar nuevos equipos, invertir, adquirir tecnología y, en medio de las expropiaciones, los controles y el programa de gobierno, que tenía como norte reducir el peso del sector privado, los empresarios optaron por ampliar muy poco la capacidad.

El economista Reinier Schliesser utilizó un ejemplo muy claro para describir esta situación, señalando en una entrevista que le hice para analizar la coyuntura que «la economía es como un carro que ahora tiene muy cerca una pared. Podemos acelerar el carro con el gasto público e igual no nos vamos a mover mucho, porque topamos con una pared que solo podemos derribar con más inversión y tecnología».

El malestar comenzó a evidenciarse y, a pesar de que el precio de la cesta petrolera venezolana registró un acelerado y sostenido incremento durante los primeros siete meses de 2008, desde 83 hasta 117 dólares, la economía perdió vuelo y en el primer semestre creció 6,6 % *versus* 8,7 % en el mismo lapso de 2007.

Esto no es todo. El desbalance entre un sector industrial que no tenía cómo aumentar la producción aceleradamente, y el consumo, que seguía recibiendo dosis de gasto, se tradujo en que los precios aumentaron a mayor velocidad y la inflación encendió luces de alarma[78].

El camino comenzó a oscurecerse por completo cuando la economía global sufrió un temblor sin precedentes con epicentro en la corona del sistema, Estados Unidos, un golpe que obligaría al barril a descender a velocidad de vértigo.

HURACÁN EN EE. UU.

La tormenta comienza a gestarse a principios de siglo cuando Allan Greespan, presidente de la Reserva Federal, institución que cumple el rol de banco central en Estados Unidos, responde al crac de las empresas punto com y al ataque terrorista del 11 de septiembre de 2001 con una rebaja de tasas de interés que abarata los préstamos hipotecarios.

La estrategia coincide con el inicio del incremento en el precio de las materias primas y los países exportadores de petróleo comienzan a enviar miles de millones de dólares a Estados Unidos junto a China, potencia emergente en el tablero y, en menor proporción, un revitalizado Japón.

La mezcla de bajas tasas de interés y liquidez abundante le da alas al crédito hipotecario, el precio de las viviendas se dispara y Wall Street se vale de un entorno de mínima regulación para crear exóticos productos financieros. Lo común en el negocio bancario es estudiar en detalle a quien solicita financiamiento para comprar una vivienda, prestarle el dinero y luego cobrar las cuotas para recuperar el capital más los intereses. La innovación de Wall Street consistió en empaquetar grupos de

---

78   En 2008, el índice de precios al consumidor de Caracas va a acumular un salto de 31,9 % *versus* 22,5 % en 2007. El mayor incremento desde 1997.

préstamos hipotecarios para confeccionar bonos y luego venderlos en el mercado financiero global.

En poco tiempo las entidades bancarias y una madeja de organizaciones financieras sin supervisión ya no conservaban el crédito y el riesgo en sus balances, sino que lo transformaban en un bono del cual se desprendían y, por tanto, ya no existían mayores incentivos para evaluar la capacidad de pago del deudor.

Masivamente se va a financiar a clientes catalogados como *subprime*, es decir, riesgosos y con un historial de atrasos en pagos y, cada vez, de manera más expedita. Mientras los reguladores permanecían ciegos, surgieron los préstamos con poca entrega de documentos para verificar el récord de pago o el balance personal; luego aquellos donde no hacían falta credenciales; y los Ninja (*no income, no job and no assets*).

Así, el solicitante recibía rápidamente su crédito; quien agrupaba las hipotecas en bonos, una comisión; el banco que otorgaba el préstamo, una rápida ganancia al vender el bono y el inversionista que lo compraba, altos rendimientos, porque obtenía los pagos del propietario de la vivienda.

Bancos como Bearn Stearns, Merrill Lynch, Citigroup y fondos de inversión vendían los bonos a entidades financieras de todo el mundo, expandiendo el riesgo a escala global sin que hubiese ningún tipo de regulación. Creían firmemente en que el precio de las viviendas no dejaría de aumentar y el deudor, en caso de algún problema, podría venderla para pagar el crédito, pero el ladrillo se resquebrajó.

El índice de S&P Case-Shiller registra que, en promedio, en las 20 grandes ciudades de Estados Unidos, el valor de las viviendas se desplomó 9 % en 2007 y, al contrastar el cierre de julio de 2008 con julio de 2006, afloró un drástico declive de 19,5 %.

La burbuja inmobiliaria explotó, los bonos respaldados por las hipotecas comenzaron a ser vistos como tóxicos porque los clientes *subprime* tenían una deuda superior al valor de las viviendas y los grandes bancos con los papeles atascados en sus portafolios registraron pérdidas relevantes. La morosidad se disparó y el punto más álgido de esta primera etapa de la crisis global llegó el 15 de septiembre de 2008, cuando Lehman Brothers, miembro de la realeza bancaria, se declara en quiebra y los mercados sufren un descalabro histórico.

QUÍTATE LA MÁSCARA

Al inicio de la tormenta que estremece a las economías desarrolladas, el oro negro sirvió de refugio para inversionistas que huían de lo
que consideraban un desplome financiero encerrado en las paredes de
Wall Street y los presuntuosos bancos de inversión. Se trataba, creían,
de un castigo enviado por la Providencia para escarmentar a quienes
ingenuamente pensaban que las acciones solo podían aumentar de valor,
nunca caer.

Las compras especulativas de casas de bolsa, empresas y fondos
de inversión, que confiaban en haber encontrado un oasis en medio del
desierto financiero, elevan el precio de la cesta de crudos venezolana al
récord histórico de 126 dólares el 18 de julio de 2008; pero una vez el
virus infecta órganos vitales de la economía de Estados Unidos y Europa,
declarando el inicio de una era de expectativas devaluadas, decrecimien-
to y, por tanto, menor demanda de energía, el barril pierde brillo a una
velocidad nunca vista y el crudo venezolano cae en barrena 73 % hasta
que aterriza el 16 de enero de 2009 en 34 dólares.

Desafiante, tres días antes, Hugo Chávez borra cualquier posibilidad de crisis en un discurso dirigido a la Asamblea Nacional y provoca
aplausos y risas de complacencia, afirmando enfáticamente: «en cuanto
al gasto público, en cuanto a los programas sociales del 2009, incluso les
digo, si me ponen el petróleo a cero, me tomo este vaso de agua. Pón-
ganme el petróleo a cero si quieren en el 2009. Venezuela no se detiene,
Venezuela no entra en debacle económica».

Además de lo dicho por Hugo Chávez, el ministro de información, Jesse Chacón, le confirmó al país que existían cuantiosos ahorros,
afirmando, en un encuentro con periodistas en el Palacio de Miraflores,
que «si llegase, como dice el Presidente, a cero dólares el barril, nosotros
hemos logrado durante estos diez años ahorros suficientes para que la
actividad venezolana, tanto de inversión como todo nuestro gasto social,
no se detenga y lo que genere el petróleo, sobre cero dólares el barril,
serán nuestros ahorros para el año 2010», es decir, nada que temer[79].

---

79 Salmerón, *El Universal* 05-01-2009.

Inmerso en la campaña electoral que conduciría al referendo del 15 de febrero, donde el país aprobó la enmienda constitucional diseñada para permitir la reelección indefinida del presidente, gobernadores, alcaldes y todo tipo de cargo de elección popular, Hugo Chávez buscaba de esta manera desaparecer del colectivo y el debate nacional la percepción de un período de sacrificios.

Jorge Giordani, el hombre más influyente en el equipo económico, sabía perfectamente que lo prometido por Hugo Chávez y Jesse Chacón, repetido hasta la saciedad por el ejército de medios de comunicación al servicio del gobierno, era totalmente falso, pero se cuidó de no hacerlo público. El 5 de enero de 2009 afirmaba en su diario, que transcurrido el tiempo suele publicar a manera de libro:

> ... de ahora en adelante, con el cierre de empresas y la disminución de la capacidad adquisitiva de nuestra divisa fundamental, los precios petroleros harán, sí, que se comiencen a mezclar en una danza no del todo espiritual, sino cercana a la escasez, los diablos juntos y revueltos de la tendencia a la desaceleración del producto, ya iniciada de manera abrupta durante 2008, el mantenimiento del clima inflacionario, y, para completar, la llegada del diablo del desempleo[80].

Una vez obtenido el objetivo político de asegurar la posibilidad de la reelección cada seis años, la realidad comenzó a emerger. El declive en los precios del petróleo recortaba el ingreso drásticamente y obligaba a demostrar si en verdad, tras el colosal *boom* de los cinco años anteriores, el gobierno contaba con fondos de ahorro para enfrentar la crisis con un tratamiento contracíclico, es decir, dosis de gasto que permitieran mantener el crecimiento y evitarle a la población años de descenso en la calidad de vida[81].

Sin embargo las decisiones del consejo de ministros apuntaban a un gobierno con problemas de caja. Rápidamente las empresas percibieron que el grifo de los dólares se cerró; la Comisión de Administración de Divisas (Cadivi), encargada de autorizar el monto de dólares que puede recibir cada compañía para importar insumos o productos terminados, adjudicaba cada

---

80 Giordani, 2009: 90.

81 Las estadísticas oficiales registran que, en 2009, el país recibió, por exportaciones petroleras, 54 201 millones de dólares, una magnitud que se traduce en un descenso de 39 % respecto a lo obtenido en 2008.

vez menos y obligaba a frenar la producción por los problemas para adquirir materias primas, repuestos para máquinas y productos terminados[82].

Al poco tiempo, la máscara terminaría de caer. Jorge Giordani escribió en su diario que «este 21 de marzo de 2009, inicio de la temporada de primavera en el hemisferio norte y del otoño en el hemisferio sur, comienza a desarrollarse una nueva batalla por la construcción del socialismo en Venezuela. Se harán una serie de anuncios en materia económica que el presidente ha denominado el Plan Económico Bolivariano»[83].

Al caer la tarde, Hugo Chávez apareció en televisión para anunciar un menú que demostraba la falta de recursos. El Impuesto al Valor Agregado (IVA) aumentó desde 9 % hasta 12 %, el gasto programado en el presupuesto nacional sufrió un recorte de 6,7 % y se triplicó el monto de los fondos a obtenerse mediante endeudamiento, los bancos tendrían que comprarle al Ministerio de Finanzas una montaña de bonos y letras del tesoro para inyectarles bolívares a los bolsillos del Estado.

Chávez calificó el tijeretazo de «modesto, pero necesario» e hizo ver que el gobierno también disminuiría el ritmo de vida. Explicó que suspendería la adquisición de vehículos, las remodelaciones, construcción de nuevas sedes, publicidad innecesaria, regalos corporativos, agasajos y viajes al exterior no prioritarios. Acto seguido enfatizó que «a Venezuela la crisis no le ha tocado ni un pelo, lo que no quiere decir que no nos vaya a tocar no uno, sino hasta dos pelos»[84].

Al final, el recorte del gasto público creció a lo largo del año y en términos reales, es decir, después de limpiar el efecto de la inflación, alcanzó 21,5 %, una magnitud que necesariamente tenía que agravar la pérdida de fuerza de la economía. Los desembolsos del Gobierno en Venezuela son vitales porque, a través de los contratos para la ejecución de obras, los aumentos de salario a los trabajadores públicos, transferencias, incide sobre el consumo privado, componente esencial de la demanda[85].

---

82 En 2009, las importaciones que no están asociadas al negocio petrolero registrarán una caída de 22 %.

83 Giordani, 2009: 39.

84 Tejero, *El Universal* 22-03-2009.

85 Se refiere al gasto del sector público restringido. La cifra corresponde al *Informe económico 2009* del Banco Central de Venezuela.

A la poda en los desembolsos se añadió la elevada inflación. En teoría, el descenso en el gasto público se traduce en menos dinero en circulación, con lo que la demanda pierde fuerza y el ascenso de los precios debería ser menor, pero la economía sufría distorsiones importantes. Por más de un año, el Ejecutivo había prohibido aumentos de precios en alimentos básicos y no hubo más alternativa que autorizar ajustes. Además, el descenso en la entrega de divisas agravó la merma de la producción en la industria, profundizando las fallas de oferta y, por último, el declive en el ingreso petrolero llevaba al mercado a esperar una pronta devaluación.

El resultado es que la inflación registró un avance de 25,1 % que golpeó la capacidad de compra del salario; las familias no tuvieron más alternativa que consumir menos en alimentos, textiles, electrodomésticos y la compra de bienes mostró un descenso de 6,6 %. El Gobierno, que había recibido un río de petrodólares entre 2004-2008, no tenía ahorros para aplicar una política económica distinta que evitara el impacto de la crisis internacional, como sí sucedía en el resto de los países latinoamericanos, que suministraban tratamientos para suavizar el golpe que representaba el descenso en el precio de las materias primas, que constituyen una porción clave de las exportaciones, el aumento en el costo del financiamiento y el declive de la inversión extranjera.

La presidenta de Chile, Michelle Bachelet, anunció un desembolso de 4 000 millones de dólares, a través de un plan de once puntos que incluyó desembolsos para la construcción de obras públicas, y un bono mensual de 63 dólares a tres millones y medio de chilenos pertenecientes a las familias más humildes. Para apuntalar a Codelco, la mayor productora de cobre del mundo, empresa estratégica para Chile y que sufrió un desplome en el precio de sus acciones, hubo un sustancioso aporte de capital.

Alan García, quien por segunda vez ocupaba la presidencia de Perú, dejó en claro su determinación de tratar de dosificar los efectos sobre la economía. «Debemos sostener la demanda interna y sostener el empleo, la capacidad de compra de familias y empresas. Tenemos que hacerlo a través de la generación de empleo», dijo convencido y anunció un incremento del gasto público para reforzar la inversión y ampliación de los programas sociales para proteger a las familias de menos recursos.

Para luchar contra la contracción del crédito y el declive en la producción, producto de la sombra que comenzaba a oscurecer las exportaciones, el gobierno brasileño redujo las reservas que exige a la banca como una manera de inyectar liquidez en el mercado. Además, el Banco Central tomó medidas para proveer divisas y se dispuso de mecanismos para que las reservas internacionales financiaran a las empresas privadas que tenían deuda en el exterior, mientras que el Ejecutivo redujo el impuesto sobre la renta y las operaciones financieras de las personas, para oxigenar el consumo.

En general, la tendencia en toda la región consistía en aplicar medidas para contener los efectos de la crisis internacional, no un ajuste que amplificara el impacto, como sucedía en Venezuela. La Cepal resumía en su informe que

> ... las medidas anunciadas por los países han sido bastante ambiciosas en materia de gastos. En cuanto a su implementación, en la mayor parte de los países respecto de los que se dispone de información sobre la ejecución de gastos hasta el tercer trimestre del año, puede observarse que en la primera mitad del año ha habido un incremento significativo del gasto corriente (en general más ágil) y, en menor medida, del gasto de capital, cuya ejecución es habitualmente más lenta[86].

¿Cuál fue el resultado? Al cierre de 2009 Venezuela, después de México, que sufrió un fuerte impacto por la estrecha relación con Estados Unidos, es el país más castigado de América Latina por la crisis internacional, con un descenso de la economía de 3,3 %, mientras que en promedio la región retrocede 1,9 %[87].

Podría argumentarse que la condición de país petrolero colocaba a Venezuela en una situación de mayor fragilidad porque el declive en el precio del barril fue mucho más pronunciado que en el resto de las materias primas, pero, al contrastar los resultados con el resto de los productores de crudo, también es de los más afectados[88].

---

86 Cepal. Balance preliminar de las economías de América Latina y el Caribe, 2009.

87 Estadísticas de la Cepal. Al observar resultados por países en 2009, la economía de Colombia crece 1,7 %, la de Perú 0,9 %, Argentina 0,9 %, Chile cae 1 % y Brasil desciende 0,3 %. México, la economía más relacionada a Estados Unidos, sufre un desplome de 6 %.

88 Las estadísticas del Fondo Monetario Internacional indican que en 2009, en promedio el PIB de los productores de petróleo del Medio Oriente crece 2 % desacelerándose fuertemente frente a 4 % en 2008. Solo Kuwait, con una caída de 5,2 % supera el declive de Venezuela.

Para Jorge Giordani la crisis, aparte de una especie de desastre natural sobre el que no había protección posible, también significaba una ocasión para tratar de imponer la austeridad que requiere el socialismo. Por lo tanto, la recesión en el fondo pareció bienvenida: «escasez y derroche aparecen como polos de sistemas productivos, el socialismo por un lado, y el capitalismo por el otro (...) valga la oportunidad, sin el menor sesgo de sadismo económico, de que bienvenida sea la crisis si ella permite ajustar los parámetros del consumo del venezolano»[89].

En la Navidad de 2009, cuando los venezolanos sopesaban la situación, sentían el impacto de una inflación que mermaba la capacidad de compra del salario y una caída de la economía que se traducía en un alza moderada de la tasa de desempleo, pero aún el Gobierno mantenía el tipo de cambio oficial, el trago amargo de anunciar una devaluación no se concretaba, aunque para los analistas, empresarios, banqueros, solo era cuestión de tiempo[90].

La necesidad de aumentar los ingresos crecía cada día. Inexplicablemente, en medio de la riqueza recibida entre 2004-2008, la administración de Hugo Chávez no concretó las inversiones que necesitaba el sector eléctrico y las ciudades del interior sufrían apagones a diario, la deuda no podía seguir creciendo a velocidad de vértigo y la larga lista de empresas estatizadas, más que aportar, exigía mayores transfusiones de dinero.

Al mismo tiempo, no había otra fuente de divisas distinta al petróleo, las exportaciones no asociadas al barril eran inferiores a las de doce años atrás, el sueño de diversificar la economía con estatizaciones y ampliación del tamaño del Estado aún no rendía frutos, mientras que las importaciones, si bien habían perdido algo de impulso, continuaban siendo elevadas.

---

89 Giordani, 2009: 134.

90 En su *Informe Económico 2009*, el Banco Central señala que de acuerdo con las cifras oficiales del Instituto Nacional de Estadística (INE), la tasa de desocupación se ubicó en 7,5 % en el segundo semestre de 2009, superior en 0,7 puntos porcentuales (101 995 personas) a la registrada en igual período de 2008. El análisis de la desocupación evidenció que el alza en la tasa de desempleo fue generalizada por sexo y grupos de edad. El desempleo femenino se situó en 8,1 %, con un aumento de 0,8 puntos porcentuales (47 873 mujeres); mientras que el desempleo masculino (7,1 %) escaló 0,6 puntos porcentuales (54 122 hombres). Por grupos de edad, el mayor incremento se observó en las personas entre 15 y 24 años (2,4 puntos porcentuales), agrupación que igualmente exhibió la mayor tasa de desempleo (16 %).

A la lista de problemas se añadía que entidades financieras internacionales reportaban caída en la producción de PDVSA[91].

El primer viernes de 2010 la situación obligó a devaluar la moneda. Otro viernes de depreciación: el bolívar fuerte mostraba su debilidad y el dólar a 2,15 bolívares naufragaba aparatosamente, tras cinco años en los que hubo la ilusión de recuperar la estabilidad cambiaria mientras, al igual que en el pasado, el Gobierno disparaba el gasto a niveles exorbitantes en medio del *boom* petrolero, se endeudaba y mantenía bien barato el dólar, alimentando un alza insostenible de las importaciones. La nueva estructura copió el sistema aplicado por Jaime Lusinchi, dos precios para los billetes verdes: 2,60 bolívares para importaciones prioritarias y 4,30 para el resto.

Desde el punto de vista de Jorge Giordani, el desenlace no tiene que ver con las políticas aplicadas. La culpa es de unos ciudadanos pecadores, botarates, incapaces de contenerse ante los venenos del consumo fácil.

> Fueron las magnitudes del precio petrolero las que indujeron a una situación de flatulencia financiera, que hizo recordar aquellos momentos de la cuadruplicación de los precios en el primer *boom* petrolero de los setenta y el surgimiento de la frase en Miami de «está barato, dame dos». Los precios subieron a casi 140 dólares el barril para caer estrepitosamente a finales de 2008 a menos de 40. Abundancia en los precios y locura colectiva por acumular divisas; tanto es así que las solicitudes a Cadivi alcanzaron ese año la bicoca de unos 95 000 millones de dólares, aproximadamente tres veces las reservas internacionales. Cualquier tontería. Es una muestra del despilfarro que no tiene parangón alguno en otras economías[92].

LA REVALUADORA

La devaluación del vienes 8 de enero de 2010 ocurrió en un mercado con deformaciones notorias. Para comprar divisas legalmente y con menos restricciones a las impuestas por los organismos públicos,

---

91 El Banco Central reporta que al cierre de 2009 las exportaciones no petroleras tan solo representaron 3 402 millones de dólares *versus* 5 529 millones en 1998.
92 Giordani, 2010: 56.

las empresas y los particulares acudían al mercado de permuta. ¿Cómo funcionaba? Básicamente, las empresas utilizan su banco o casa de bolsa para adquirir un bono en bolívares, mientras que quien les vendía los dólares compraba un bono en divisas en el exterior. Posteriormente, se intercambiaban los títulos. Así, la empresa pasaba a tener un bono en divisas que vendía en Nueva York para obtener los dólares y, quien quería bolívares, un bono que podía negociar en Caracas.

Al sopesar cuánto se había pagado por el bono en dólares y cuántas divisas se obtenían, surgía un tipo de cambio al margen del oficial que comenzó a marcar buena parte de los precios en la economía. Las empresas lo veían como el indicador para calcular los costos de reposición. Al cierre de 2009, en medio de la inminencia de la devaluación del tipo de cambio oficial, particulares que querían protegerse de la inflación y el descenso en las asignaciones de divisas en Cadivi, el dólar permuta volaba, a pesar de que en 2008, para tratar de restarle importancia, los diputados oficialistas aprobaron una ley que prohibió su divulgación[93].

El desajuste atormentaba al Gobierno y comenzó la cruzada en contra del dólar permuta. Primero se recurrió a un mecanismo de mercado; el Banco Central incrementó la oferta vendiendo bonos en divisas que permitían comprar dólares a un tipo de cambio en torno a cinco bolívares, prácticamente la mitad del precio que tenía la permuta.

Esto le permitió a Hugo Chávez afirmar una semana después del anuncio de los nuevos tipos de cambio que «¡va es para abajo el dólar! así que muchos precios deberían marcarse es para abajo. Desde ese punto de vista lo que hemos hecho es una revaluación del bolívar, una verdadera revaluación, no devaluación. Pero para que esa revaluación sea real y concreta y no se quede solo en la lógica matemática, debemos apuntalar el combate al dólar permuta, eliminarlo»[94].

---

93 Se reformó la Ley de Ilícitos Cambiarios y la reforma comenzó a tener vigencia desde el 27 de enero de 2008. El artículo 17 señala que las personas naturales o jurídicas que ofrezcan, anuncien, divulguen de forma escrita, audiovisual, radioeléctrica, informática o por cualquier otro medio de información financiera o bursátil sobre las cotizaciones de divisas diferentes al valor oficial serán sancionadas con multa de 1 000 unidades tributarias. Esta disposición impide colocar en este texto los precios a los que había llegado el dólar permuta.
94 Discurso en la Asamblea Nacional 15 de enero de 2010.

¿Qué significaba eliminarlo? Pronto las casas de bolsa lo sabrían. Jorge Giordani consideraba que el dólar permuta no era más que especulación, perversión capitalista y, por ende, lo mejor era clausurar ese mercado para que no hubiese ningún tipo de transacción que no estuviese controlada por el Gobierno. La mañana del 17 de mayo los presidentes de las casas de bolsa leían asombrados un decreto publicado en *Gaceta Oficial* que les prohibía operar con bonos en divisas y tres días más tarde el ministro aseveró en el Palacio de Miraflores: «la responsabilidad de fijar las tasas de cambio es del Ejecutivo Nacional y del Banco Central de Venezuela, no de esos impostores y estafadores de oficio que tendrán que vérselas con la justicia».

Los acontecimientos sucedieron a un ritmo frenético. Diariamente los cuerpos policiales practicaban allanamientos; aparecían decretos de intervención y prisión para funcionarios de las casas de bolsa. En total, 35 fueron intervenidas y 23 posteriormente liquidadas, entre ellas Econoinvest, la más importante del mercado.

Una vez arrasadas las casas de bolsa, surgió el Sistema de Transacciones con Títulos en Moneda Extranjera (Sitme) donde las empresas, al igual que en el antiguo mercado paralelo, compraban con bolívares bonos de la República en divisas que luego revendían en el exterior, pero el mecanismo quedó en manos del Banco Central de Venezuela, con oferta mucho más limitada, barreras para acudir y los particulares, en buena medida, no podían ingresar.

El Sitme solo permitió que los particulares, en una magnitud ínfima respecto a la demanda, compraran dólares para viajes, el envío de remesas y el pago de estudios en el exterior, excluyendo el ahorro. Desde ese momento, si una persona vendía su apartamento o el automóvil, los activos de mayor valor para la clase media, no podía cambiar a divisas los bolívares; obligatoriamente tenía que depositar el dinero en la banca, donde las tasas de interés no protegían de la inflación.

El Sitme tenía otra anomalía. Para operar necesitaba que existiesen suficientes bonos para ser vendidos diariamente. El Banco Central colocaba en promedio títulos por 40 millones de dólares diarios, obligando a que la República y PDVSA se endeudaran continuamente. ¿A qué precio se compraban los dólares en el Sitme? A 5,30 bolívares, un valor que ciertamente estaba cerca del tipo de cambio oficial y por debajo de la permuta, pero que tenía como costo que el Estado no solo se endeudara velozmente, sino que lo hiciera a elevadísimas tasas.

Gracias a que los bonos venían equipados con una alta tasa de interés, que llegó a alcanzar la cumbre de 12,5 %, podían ser revendidos a mayor precio en el exterior y el tipo de cambio del Sitme se mantenía en 5,30 bolívares, como deseaba el Ministerio de Finanzas, para proclamarse victorioso en la guerra contra el dólar permuta.

LAS COSTURAS

Cuando todo lucía comprometido, los nuevos jugadores en la economía global demostraron que el crecimiento estaba ahora de su lado; China, Brasil, Rusia, India, consumían petróleo y bombeaban oxígeno al barril venezolano. Mientras Estados Unidos y Europa tan solo lograban un pequeño ascenso después del descalabro sufrido en los años más duros de la crisis internacional, las naciones emergentes registraban robustas tasas de crecimiento que demandaban energía[95].

La cesta petrolera venezolana dejó atrás el derrumbe sufrido tras la quiebra de Lehman Brothers y se cotizó a un promedio de 72,69 dólares el barril que, unida a la mayor cantidad de bolívares proveniente de la devaluación, permitió suavizar el descenso del gasto público y aminorar la marcha declinante de la economía que finalizó 2010 con una caída de 1,5 % pero durante el cuarto trimestre salió a flote con un leve repunte, iniciando un nuevo período de crecimiento[96].

Pero había quedado en evidencia la fragilidad del modelo. Durante los dos años de recesión la economía sufrió un retroceso de 4,6 % que representó aumento del desempleo; una devaluación profunda que man-

---

95   En el grupo de las economías emergentes, China lideró el crecimiento del consumo energético (1,0 MMBD), seguido por Rusia (250 000 bpd) y Brasil (190 000 bpd). Cabe resaltar que en 2010 China pasó a ocupar el segundo lugar como consumidor energético a escala mundial, por lo que supera a Europa. Datos del *Informe Económico del Banco Central 2010*.

96   Las exportaciones totales mostraron una mejora de 14,2 % con respecto al registro de 2009, al ubicarse en USD 65 786 millones (22,6 % del PIB). De esta cifra, las ventas externas de petróleo representaron 94,7 %. En el cuarto trimestre de 2010 el PIB creció 0,5 %.

tuvo la inflación en alza y obligó a las familias a recortar el consumo, porque los sueldos no crecieron al mismo ritmo y, sobre todo, dejó en evidencia que los avances en materia de pobreza estaban íntimamente relacionados con el *boom* petrolero. Bastó el parpadeo del barril para que el número de hogares en miseria aumentara[97].

Las cifras del Instituto Nacional de Estadística registran que, al cierre de 2010, el número de familias pobres crece en 52 960 respecto a 2008, solo que como la población también aumenta y hay más hogares, en términos porcentuales las familias sumergidas en la pobreza descienden mínimamente desde 27,5 % hasta 26,9 %. Las misiones no habían sido suficientes para que continuara el descenso de la miseria a paso acelerado[98].

La ineficiencia del Gobierno también forma parte de la ecuación. A pesar de que se mantuvo la inyección de recursos, las misiones no rendían los mismos frutos porque la burocracia y la negligencia las habían carcomido. Hugo Chávez no pudo ocultar esta realidad y el 26 de julio de 2009, en un discurso pronunciado ante la Asamblea Nacional, admitió que las misiones, «producto del tiempo, el desgate, algunas veces del descuido y otros factores, pudieran estar sufriendo un proceso de desajuste»[99].

«La Misión Barrio Adentro [...] no tengo dudas, es cierto, ha venido bajando el nivel de eficiencia que tuvo siempre. Estamos estudiando el tema, las razones, las causas», añadió el presidente, quien, con toda seguridad, para ese momento ya tenía en sus manos la encuesta de presupuestos familiares elaborada por el Banco Central donde se documen-

---

97 El Banco Central indica que el consumo de bienes de los hogares, categoría que incluye la compra de alimentos, textiles, muebles y artefactos del hogar cae 3,5 % en 2010 en comparación con 2009 y, en contraste con 2008, retrocede 10 %. De acuerdo con cifras oficiales del Instituto Nacional de Estadística (INE), la tasa de desocupación se ubicó en 8,7 % en 2010, lo cual significó un ascenso de 1,1 punto porcentual respecto a 2009, que equivale a un total de 155 573 personas. «Este comportamiento se asocia con el bajo ritmo de crecimiento que mostró la demanda de trabajo, cuyo incremento anual de 0,3 % resultó insuficiente para cubrir el aumento de la oferta laboral (1,5 %), incluso a pesar de que el ascenso anual de esta última variable fue el más lento desde 2007» dice el Informe Económico del BCV.

98 Incluso la medición de la pobreza por necesidades básicas insatisfechas demuestra que se mantiene prácticamente igual en términos porcentuales con un mínimo aumento desde 23,4 % en 2008, hasta 23,5 %.

99 Da Corte, *El Universal* 27-07-2009.

ta que no solo había inconvenientes en el área de salud; Mercal había disminuido la penetración y la proporción de hogares que compraron al menos un producto en la red durante la semana de referencia descendió desde 36 % en 2005 hasta 19,3 % en 2009.

Cinco días antes de que Hugo Chávez acudiera a la Asamblea, trabajadores de la Misión Barrio Adentro entregaron a los diputados un documento para el presidente de la República, exigiendo, entre otras cosas, cancelación de pasivos laborales con cinco años de atraso y denuncias relacionadas con la no asignación de recursos para el proyecto.

Entre las deficiencias que enumeraron los trabajadores destacan que los aires acondicionados de las instalaciones no funcionaban, que el dinero para la alimentación en los Centros de Diagnóstico Integral no llegaba completo, que ellos mismos compraban los productos de limpieza y, afirmaban, «reina la anarquía en las regiones, porque los coordinadores pasan por encima de los comités de salud»[100].

Esto contrasta con la visión que se tenía desde el alto poder, donde ingenuamente se creía que bastaba con mantener la inyección de recursos para que la política social funcionara. Jorge Giordani escribe en su diario que «el volumen de la renta distribuida, y la profundidad del efecto social compensatorio en el pago de la deuda social acumulada por cuatro décadas han actuado como amortiguador de los impactos negativos de la crisis financiera mundial» y sostiene que al cierre de 2010 los desembolsos para este concepto sumaban 376 636 millones de dólares[101].

RECONQUISTA Y VIERNES ROJO

Hugo Chávez sentía la necesidad de un relanzamiento del Gobierno. La oposición crecía electoralmente y en los comicios para elegir a los diputados a la Asamblea Nacional las fuerzas que lo adversaban obtuvieron más votos que su partido, solo que antes de las elecciones reformó la ley para que el sistema electoral contemplase una sobrerre-

---

100 Da Corte, *El Universal* 27-07-2009.
101 Giordani, 2011: 100.

presentación de los estados menos poblados, donde seguía teniendo amplia mayoría[102].

Además, el objetivo de lograr la reelección en 2012 obligaba a revitalizar las expectativas en la población. La suerte estaba de su lado; la ruleta petrolera sonreía gracias a que China e India aumentaban el consumo y el barril venezolano continuaba el ascenso hasta alcanzar un promedio de 101 dólares, una base formidable para iniciar un contraataque soportado en expansión del gasto, la clave fundamental de la popularidad.

Aparte de los petrodólares, la bolsa de recursos se nutriría con endeudamiento y con el escamoteo de dinero a los gobernadores y alcaldes estableciendo un precio artificialmente bajo para el barril de petróleo en el presupuesto, que es la base que se utiliza para calcular la porción de recursos que las regiones reciben anualmente. De esta forma, el presidente tenía la potestad de disminuir el dinero a los gobernadores de oposición que controlaban siete estados, entre ellos Zulia, Miranda, Táchira, Carabobo y Lara, entidades con un número muy importante de votantes.

Como medida adicional, previendo cualquier contratiempo en el camino, el Gobierno unificó los tipos de cambio, es decir, eliminó el dólar a 2,6 y el de 4,30 bolívares pasó a regir toda la economía. De esta manera, si bien habría un impacto inflacionario por el encarecimiento de los productos importados, crecían los fondos al obtener más bolívares por cada petrodólar.

El gasto puso en movimiento la rueda del consumo; la economía continuó el ciclo de crecimiento, el desembolso de dólares para importaciones aumentó y, para recuperar la conexión popular, Hugo Chávez lanzó la Gran Misión Vivienda. Tras doce años de muy pocos avances, el Gobierno se comprometía a solucionar el déficit en esta materia con la construcción de dos millones de viviendas, a escala nacional, en un

---

102 Los votos de la MUD y PPT, fuerzas políticas opositoras, obtuvieron 5 642 553 votos válidos (48,31 %) y el PSUV 5 399 574 votos (46,23 %). No obstante, a pesar de estar equilibrados en votos, los partidos que adversan al jefe de Estado obtienen 67 diputados (40,6 % de la AN) y el PSUV hasta 98 curules (57,57 %).

lapso de siete años, dando prioridad a las familias que vivían en albergues porque sus casas habían sido arrasadas por las lluvias[103].

Al mismo tiempo, se puso en marcha la Misión el Amor Mayor para entregar una pensión de vejez a personas mayores, hayan o no cotizado a la seguridad social, y la Gran Misión Hijos de Venezuela, que contempla becas para madres adolescentes y personas con discapacidad en pobreza extrema. El menú continuó con un generoso aumento de salario para la voluminosa nómina del Estado; la capacidad de compra de los sueldos en la administración pública creció 29,8 % para aplacar las demandas de los trabajadores.

Pero no todo marchaba sobre ruedas. Es cierto, la economía, alimentada por la masiva inyección de gasto, creció 4,2 %, dejando atrás la noche de la recesión. Sin embargo, los problemas estructurales seguían presentes. La reducción de la inversión privada y el poco ánimo para ampliar la capacidad de producción se manifestó en que el desempleo apenas descendió 0,3 puntos para mantenerse por encima de los niveles previos a la recesión.

En las empresas que no pertenecen al Estado la capacidad de compra del salario tan solo creció 1 % porque, sin la chequera petrolera, era muy complicado otorgar incrementos superiores a una inflación que, tras el impacto de la devaluación de comienzos de año y el desbalance entre la oferta y la demanda, culminó en 27,6 %. Además, el aumento del gasto había sido de tal magnitud que superó con creces los ingresos petroleros y la recaudación de impuestos. Por lo tanto, surgió un abultado déficit de 11,6 % del PIB que tuvo que ser cubierto con endeudamiento[104].

A pesar de estas señales, el Gobierno no pensó en frenar el carro de la economía. Desde el 10 de junio de 2011, Hugo Chávez padecía

---

103 Este objetivo se alcanzaría en dos fases: 1) construir 353 404 complejos en los dos primeros años y 2) edificar 1 650 000 unidades en los siguientes cinco años (300 000 en 2013, 325 000 en 2014 y 2015, y 350 000 en 2016 y 2017). En 2011, de las 153 404 unidades habitacionales previstas, se entregaron 138 454 viviendas y la diferencia se incorporó a la meta de 2012. *Informe Económico del BCV 2011*.

104 El déficit corresponde al Sector Público Restringido y el dato está en el *Informe Económico del Banco Central de Venezuela 2011*. La deuda externa creció 15 % desde 85 304 millones de dólares en 2010 hasta 98 011 millones de dólares al cierre de 2011. En deuda interna se llegó a emitir la cifra récord de 90 000 millones de bolívares.

cáncer, se sabía de la posibilidad de un desenlace fatal y era necesario asegurar la victoria en las elecciones que, convenientemente para el enfermo, el Consejo Nacional Electoral adelantó tres meses, para el siete de octubre de 2012. La decisión era mantener la rueda en movimiento, esparcir sensación de bonanza, aun a costa de acumular desequilibrios graves y crecientes.

El precio del petróleo seguía retando a las alturas y durante los nueve meses previos a la elección promedió 104 dólares el barril, pero se necesitaban más ingresos para sumar, al gasto habitual, la construcción de viviendas, la recuperación de las misiones, nuevamente anunciar un importante incremento del salario mínimo para el sector público y privado, estimular el consumo, elevar notoriamente el número de pensionados e importar masivamente para evitar que el desequilibrio entre la oferta y la demanda continuara acelerando el alza de los precios.

Para ayudar a elevar los fondos disponibles, el Banco Central de Venezuela ideó una fórmula mágica: imprimir bolívares; al fin y al cabo es el encargado de fabricar los billetes y, por tanto, podía encender la máquina y multiplicarlos. Para presentar la maniobra como una operación financiera, PDVSA y otras empresas públicas le entregaron al Banco Central un cúmulo de bonos y a cambio recibieron los bolívares[105].

En la mayoría de los países se prohíbe que los bancos centrales financien las compañías públicas porque, para hacerlo, crean billetes sin respaldo que luego ingresan a la economía y más dinero, detrás de los mismos productos, se traduce en alzas de precios; pero lo principal era impulsar el gasto en la rampa a las elecciones de octubre.

Para acrecentar aún más el tanque de billetes, el Gobierno incrementó 74 % el monto del dinero que tenía previsto obtener a través de endeudamiento y recurrió principalmente a la banca venezolana vendiéndole bonos y letras del tesoro. Gracias al control de cambio, que impide la libre compra de dólares, las tesorerías de las entidades financieras estaban repletas de bolívares y podían adquirir los títulos a bajas tasas de interés.

---

105 Las cifras del BCV indican que en 2012 PDVSA recibió por esta vía una inyección de 69 202 millones de bolívares y el resto de las empresas públicas, presumiblemente pertenecientes a la CVG unos 11 519 millones de bolívares.

Resuelta de esta manera la necesidad de multiplicar los panes, en el gabinete económico había conciencia de que una inyección tan alta de gasto alimentaría la inflación, pero nuevamente surgió una idea poco ortodoxa. No permitir aumentos de precios en la larga lista de productos regulados y ampliar el control incluyendo 19 rubros, entre ellos, agua mineral, pañales, compotas, detergentes y jugos pasteurizados.

La disparada del gasto fue brutal; la cantidad de dinero que circulaba en la economía registró un salto de 60 %; en lugares emblemáticos de las principales ciudades, cuadrillas de obreros construían viviendas; gracias a la desaceleración en el alza de los precios y al aumento salarial, la capacidad de compra de las familias continuó en alza, el consumo se expandió y la economía creció creando un ambiente ideal para la reelección de un Hugo Chávez limitado para hacer campaña por el agravamiento de la enfermedad[106].

La noche del 7 de octubre, con 55 % de los votos, Chávez logró el objetivo y derrotó a Henrique Capriles Radonski, su principal adversario, quien obtuvo 44,43 %, pero los desequilibrios habían alcanzado niveles profundos, como indica la radiografía de fin de año. A pesar de que el gasto público fue el más elevado de la historia, la economía creció 5,6 % porque la capacidad de respuesta, después de la ola de expropiaciones que había derivado en empresas ineficientes y el déficit de inversión privada no permitían regresar a tasas de expansión de 10 % como en 2006[107].

Las importaciones se habían disparado a lo más elevado en los últimos 16 años, estimuladas porque el dólar a 4,30 bolívares, como ya es recurrente, era muy barato; la deuda total representaba 50 % del PIB, una magnitud manejable pero no del todo confortable. Adicionalmente, la brecha entre ingresos y gastos en las cuentas públicas fluctuaba entre

---

106 En términos reales, después de limpiar el efecto de la inflación, la liquidez creció 34 % entre 2011 y 2012.

107 Un análisis elaborado por el economista Miguel Ángel Santos, profesor del IESA, indica que, en términos del PIB el gasto público de 2012 representó 51 % del PIB versus un promedio de 27 % en América Latina. El Banco Central de Venezuela registra que, entre 2007 y 2010, la inversión del sector privado en máquinas, equipos y edificaciones que permiten ampliar la producción se desploma 43,6 % para ubicarse en lo más bajo de los últimos siete años. Desde 2010, el BCV no actualiza este indicador.

15 % y 19 % del PIB, de acuerdo con reportes de bancos extranjeros porque el Ministerio de Finanzas ocultaba las cifras[108].

La administración pública ya era una especie de mastodonte con empresas poco productivas y una nómina gigante. De acuerdo con las estadísticas oficiales, al cierre de 2002 el Estado respondía por 1 millón 908 000 trabajadores y pensionados y al cierre de septiembre de 2012 la cifra se dispara hasta 4 millones 892 000. La consecuencia es que en diez años, cada día, ingresaron 850 personas a la estructura del gasto público.

En teoría, las pensiones deberían cubrirse con las cotizaciones de los trabajadores activos y los patronos, pero estos recursos son absolutamente insuficientes, por lo que el costo recae sobre los hombros de la renta petrolera.

El precio del petróleo se había mantenido estable y el tanque de petrodólares ya no era holgado al considerar el costo de las importaciones, pagos de deuda, tarifas de servicios públicos congeladas y la cantidad de barriles destinados al creciente consumo interno de gasolina, un combustible por el que los venezolanos pagan el litro a mucho menos de lo que cuesta un refresco. Por lo tanto, con el barril al elevado valor de cien dólares, Venezuela caminaba hacia un severo ajuste.

Después de las elecciones del 7 de octubre, Cadivi y el Sitme redujeron drásticamente la asignación de dólares, a fin de frenar la tendencia desbocada de las importaciones, pero, entonces, la escasez de productos básicos comenzó a escalar y buena parte de la enorme cantidad de bolívares en circulación se desplazó a la compra de divisas en el mercado paralelo, donde el billete verde se disparó marcando los precios de una porción importante de la economía.

Una vez realizadas las elecciones regionales del 16 de diciembre, donde una oposición desanimada tras el resultado de octubre perdió 20 de 23 gobernaciones, el Gobierno consideró una devaluación para aumentar sus ingresos y corregir parte de la brecha en las cuentas públicas. Pero Hugo Chávez tuvo que marcharse a Cuba para una complicada intervención quirúrgica y no estaba al frente, la gravedad de su condi-

---

108 Las estimaciones sobre el déficit corresponden a Barclays Capital y Bank of America.

ción le impedía dirigirse al país; por lo tanto, los días pasaban sin que el gabinete se atreviera a dar el paso.

La cuerda reventó. El 8 de febrero de 2013, treinta años después del Viernes Negro de Luis Herrera Campíns y al igual que entonces, previo al carnaval, Venezuela sufrió otro viernes de devaluación, solo que ahora la inmersión del bolívar sucedía en pleno *boom* de altos precios del petróleo, con el barril en el récord de 106 dólares.

Jorge Giordani, en su rol de ministro de Finanzas, y Nelson Merentes, presidente del Banco Central de Venezuela, mostraron un punto de cuenta, supuestamente firmado desde Cuba por el convaleciente Hugo Chávez, con la instrucción de devaluar la moneda. El tipo de cambio oficial para los dólares de Cadivi se deslizaba 46,5 %, desde 4,30 hasta 6,30 bolívares.

Mientras la mayoría de los caraqueños surcaban las autopistas para celebrar el carnaval en la playa, Jorge Giordani, colérico, afirmaba en una rueda de prensa, pasadas las cinco de la tarde, que la devaluación no ocurría para cubrir parte de la brecha en las cuentas del Gobierno: «esto no es un cambio de la tasa fiscalista; hay economistas que dicen que el déficit está en 18 % del PIB ¿De dónde sacan esas cifras? No son economistas, son propagandistas, profetas del desastre».

Pero el ministro no precisó el monto del déficit; prefirió guardar silencio, indicar que la inversión social seguía en aumento y justificar la devaluación como consecuencia de la crisis de las economías desarrolladas a pesar de que el oro negro brillaba nítidamente en los mercados.

> La economía norteamericana está creciendo menos de 2 % y ¿qué está ocurriendo en el caso español? ¡26 % de tasa de desempleo! Eso no va a suceder en Venezuela por la obstinada y presente política social incluyente que se refleja en más de 500 000 millones de dólares invertidos en lo social. Esa es la base fundamental de la política económica venezolana para evitar lo que son esas perturbaciones externas. Entonces tenemos que hacer estas modificaciones.

Pero el iracundo Jorge Giordani, visiblemente desencajado por tener que ofrecer explicaciones tras las preguntas de los pocos periodistas de medios de comunicación no controlados por el Gobierno que pudieron exigir algunas precisiones, dejó ver parte del desequilibrio reinante desnudando la urgencia de una reforma tributaria para aumentar los impuestos.

El sistema eléctrico. ¿Cuánto se está invirtiendo? ¿Cuánto necesitamos invertir en La Electricidad de Caracas? ¡Todo eso hay que pagarlo, por Dios! Lo he dicho en la Asamblea Nacional: que paguen los que más tienen, y esa es una discusión política que hay que hacerla abiertamente. Que pague el que más tiene. ¿De dónde van a sacar los reales para mantener los dos millones y medio de pensionados? Eso es justo, nadie discute la justicia, pero eso cuesta. Saquen la cuenta. ¿Es que acaso el presidente tiene una maquinita?

Inmediatamente agregó que los ínfimos precios de la gasolina no podían continuar. Alzando una botella de agua mineral preguntó: «¿Cuánto cuesta esta botellita de agua? ¿Cuál es el precio de un litro de la gasolina?».

Además cuestionó la marcha hacia el cielo socialista. «Tenemos que tener conciencia; si decimos que la sociedad capitalista es una sociedad de derroche, que en esencia es eso, de desperdicio, porque es un capitalismo de desperdicio, entonces ¿nosotros estamos construyendo un socialismo de desperdicio, rentístico? ¿Cómo es la cosa?».

La inflación ya estaba fuera de control, el dólar paralelo marcaba los precios y el hombre más poderoso del gabinete económico no pudo ocultar la desazón y la furia contra lo que consideraba un ataque de las perversiones capitalistas.

> En este momento tenemos un brote inflacionario, y especulativo y el Gobierno tiene que actuar con eficiencia. La inflación es un fenómeno complejo, difícil. Ese es un problema que tenemos que enfrentar, pero no solamente el Gobierno, porque la tasa de ganancia de los especuladores, jugando a la devaluación, jugando al mercadito negro y todas esas cosas y se les quemaron las manos a los explotadores de la casa de bolsa en 2009.

No obstante, reconoció el desajuste entre la oferta y la demanda. «Tenemos que producir. ¿Cómo se combate la inflación? Con cuarenta productos, papa, cebolla, tomate. Tenemos que producir más. A lo mejor no producimos trigo, es verdad, pero ¿por qué tenemos que importar arroz, por qué tenemos que importar maíz?

Tras catorce años de Gobierno vino una conclusión amarga. «¿Cuánto exporta el sector privado? Tres mil millones de dólares. ¿Cuánto exige? Treinta mil millones de dólares, una relación de uno a diez y las importaciones del sector público también están creciendo. ¿Quién produce las divisas mayormente en Venezuela? Vienen de nuestra economía petrolera. ¡Seguimos siendo un país rentista!».

Tras haber negociado 23 000 millones de dólares a través del Sitme, Jorge Giordani anunció el fin del sistema porque, como resultó claro desde su nacimiento, se alimentaba «de una manera inadecuada por dos fuentes: el endeudamiento del Gobierno Central y el de PDVSA».

El cierre se tradujo en menos dólares para las empresas y caída de los inventarios, así que no quedó más alternativa que anunciar un sistema de subastas de divisas para sustituirlo, a fin de aliviar por esta vía la sequía de billetes verdes en el sector privado.

Podría pensarse que se trata de un episodio más, una devaluación en medio del tránsito hacia una economía distinta, diversificada, estable como tanto se prometió, pero todo indica que las bases del modelo se tambalean. Después de las elecciones del 7 de octubre de 2012 la economía venezolana ingresó en una nueva etapa de expectativas limitadas.

EL FRANKENSTEIN

El 20 de octubre de 2012 Hugo Chávez inauguró la fábrica de helados Coppelia que, desde ese día, de acuerdo con lo anunciado en cadena nacional, produciría 26 000 helados diarios. Pero dos semanas después, el propio presidente admitió la paralización de la planta por desperfectos en una de sus máquinas y falta de materia prima.

«Yo recuerdo que hice el pase, hicimos el pase y comimos helado ¡hasta Fidel (Castro) me mandó un mensaje!», expresó un malhumorado comandante y apeló a la lógica: «si se va a inaugurar una fábrica ¿cómo es que nadie pensó en la materia prima? ¿Tú la vas a inaugurar para un día?»[109].

Las estadísticas oficiales desnudan que las fallas en el rompecabezas industrial que ha armado el Gobierno a través de expropiaciones, nacionalizaciones, nuevos proyectos e inyecciones de petrodólares no se limitan a los helados. ¿Qué dice la memoria y cuenta de los ministerios encargados de las empresas públicas respecto a la gestión de 2012?

---

109 Deniz, *El Universal* 11-11-2012.

1) El Ministerio de Industria documenta que la Fábrica de Cemento, que en teoría controla 20 % del mercado nacional, obtuvo un resultado negativo de 49 millones de bolívares, y acumula tres años con pérdidas. «La producción de cemento se vio afectada por los inconvenientes en la planta de Ocumare (estado Miranda) por la caída de la chimenea y la reconstrucción de la cámara de paletas y por las dificultades para la extracción de caliza en la planta que está ubicada en el estado Táchira. Además de la falta de equipos de transporte», dice el informe y añade que en 2012 la compañía operó a 66 % de su capacidad[110].

2) La Siderúrgica del Orinoco (Sidor) produjo 1 millón 510 000 toneladas de acero líquido, 50 % menos de lo programado por sus directivos. El balance de gestión admite pérdidas por 3 162 millones de bolívares. El declive de la producción es sostenido: en 2008 la planta generó 3,5 millones de toneladas de acero líquido; en 2009, 3,0 millones; en 2010, 1,8 millones; en 2011, 2,4 millones y en 2012, 1,5 millones, es decir, el 30 % de su capacidad instalada. El reporte menciona, entre los problemas confrontados, «bajos niveles de venta ocasionados por la reducida producción». Agrega que «algunos de los precios del mercado nacional de los productos de la empresa se mantienen regulados y sin ajustes desde el año 2006, implicando una merma de los ingresos». Además, advierte que «los costos de producción se incrementaron considerablemente, motivado al aumento del costo de mano de obra, así como de los insumos y repuestos». Precisa que el gasto de personal de la siderúrgica pasó de 2 337 millones de bolívares en 2011 a 3 733 millones de bolívares[111].

3) La Industria Venezolana Endógena de Válvulas (Inveval), adscrita al Ministerio de Industrias, cerró con pérdidas por el orden de 720 532 bolívares. La empresa tiene capacidad para producir 800 piezas al año, pero apenas realizó 230. «Inveval se vio limitada fundamentalmente por la falta de una fundidora propia para el

---

110 Armas, *El Universal* 04-04-2013.
111 León, *El Universal* 24-03-2013.

suministro de materia prima (cuerpos y tapas) para la fabricación de válvulas», señala el informe[112].

4) La fábrica Pulpa y Papel (Pulpaca) está lejos de iniciar operaciones. En la Memoria y Cuenta del Ministerio de Industrias aparece como empresa en fase preoperativa, pese a que su construcción se inició siete años atrás. El proyecto, denominado «construcción e instalación de un complejo papelero de la empresa de producción social pulpa y papel», apenas presenta un «avance físico de 48 %»[113].

5) La producción de caña de azúcar en 2012 se ubicó en 8,2 millones de toneladas, lo cual significó un leve repunte de 0,95 % con respecto a la cosecha obtenida en 2011. Pese a esto, las estadísticas del Ministerio de Agricultura y Tierras (MAT) demuestran que el sector se mantiene estancado. De acuerdo con esos resultados, la producción de caña de azúcar es 9,8 % inferior a la registrada en 2010, cuando hubo el pico de producción de 9,10 millones de toneladas[114].

6) De acuerdo con información de la Memoria y Cuenta del Ministerio para la Energía Eléctrica, el sector sufre por «la indisponibilidad presupuestaria a fin de cubrir con los gastos operativos y de inversión para la sostenibilidad y expansión de la infraestructura eléctrica bajo responsabilidad de la Corporación Eléctrica Nacional (Corpoelec)», que es el ente público que reúne a todas las empresas del ramo tras las estatizaciones. El informe menciona la «falta en la disponibilidad de recursos financieros para la adquisición de insumos, herramientas, repuestos, partes y componentes, viáticos, bienes y póliza de seguro para los vehículos oficiales, alquiler, reparación y/o compra de vehículos, entre otros para realizar los mantenimientos»[115].

7) Ferrominera del Orinoco reportó pérdidas por 780 millones de bolívares. La producción del mineral del hierro operó con 75 % de su potencialidad, la de pellas con 26 % y la de briquetas con 69 % de

112 «Inveal cerró el año pasado con pérdidas de 720 532 bolívares», *El Universal* 23-03-2013.
113 «Avance de Pulpaca apenas llega a 48 % a siete años de su inicio». *El Universal* 25-03-2013.
114 «Producción de caña de azúcar es 9,8 % menor a la de 2010», *El Universal* 27-03-2013.
115 «Falta de recursos impactó labor de Corpoelec en 2012», *El Universal* 31-03-2013.

su parque industrial. La compañía argumenta que el desempeño de 2012 aún fue consecuencia de la «crisis financiera mundial» y de la «implementación del Programa de Ahorro Energético con el objetivo de garantizar al pueblo el acceso a la energía eléctrica». Refiere además que ese plan produjo el «diferimiento de compras de repuestos, materiales, inversiones y paradas de mantenimiento, así como falta de recursos para hacer frente a todas las obligaciones laborales, comerciales y tributarias»[116].

8) Venirauto apenas ensambló 3 595 automóviles, 13,7 % menos que la producción de 2011. Esta cifra apenas representa 22 % de la capacidad instalada de la compañía, estimada en unos 16 000 vehículos. Paradójicamente, el presupuesto que manejó la empresa venezolana-iraní en 2012 creció 25 % con respecto a 2011, pero el resultado fue mayor ineficiencia y mayores costos laborales. El informe de gestión muestra que la productividad de cada trabajador bajó de 8,5 unidades en 2011 a 7,7 unidades en 2012. Por otra parte, el costo promedio anual por trabajador para la compañía subió de los 89 710 bolívares en 2011 a 118 540 bolívares al cierre de 2012[117].

9) En su mensaje de fin de año el presidente del Banco Central, Nelson Merentes, admite que la «producción de las industrias del sector público», en conjunto, registró un descenso de 6,7 % en 2012.

La ineficiencia del rompecabezas público comenzó a ser tema de estudio en 2011 cuando Richard Obuchi, profesor del IESA, coordinó la investigación que recoge el libro *Gestión en Rojo*, donde examina el desempeño de 16 empresas que han pasado a manos del Estado como Inveval, Invepal, Rialca, La Caicareña, y las conclusiones no son alentadoras.

En una entrevista que le hice para el diario *El Universal* explica que «los dos rasgos más ampliamente compartidos son que estas empresas producen por debajo de sus metas y los beneficios laborales quedan supeditados a la disponibilidad de recursos del Ejecutivo»[118].

---

116 «Caída de los precios y baja demanda afectaron a FMO», *El Universal* 26-03-2013.
117 «Venirauto solo produce 22 % de su capacidad instalada», *El Universal* 22-03-2013.
118 Salmerón, *El Universal* 25-07-2011.

—**Desde su punto de vista ¿por qué el Gobierno está obteniendo unos resultados tan alejados de los que se planteó originalmente con la política de aumentar el tamaño del Estado?**

—La experiencia histórica nos dice que cuando el sector público gana preponderancia y adquiere mayor control se opta por mecanismos de asignación de recursos que utilizan muy intensamente la burocracia y el sistema de planificación central. Esta combinación tiene consecuencias muy importantes; hay más orientación hacia las cantidades y no a la diversidad o la calidad; eso puede conducir a situaciones de escasez no solo porque no se encuentra el producto o servicio, sino por dificultades para acceder a ellos.

—**¿La posibilidad de que estas empresas cuenten con el dinero del Estado para cubrir sus ineficiencias no influye en los resultados?**

—Estas empresas públicas actúan con lo que se conoce como restricción presupuestaria blanda. En el sector privado, si se incurre en pérdidas hay que corregir las fallas o cerrar, pero en el caso de las empresas públicas se puede recurrir a ayudas, subsidios del Gobierno y eso es un patrón que hemos observado claramente.

—**Complementa la respuesta y agrega que «en el diseño de políticas públicas es necesario no solamente evaluar las cosas por sus intenciones, por los fines, sino por los resultados».**

—**El Gobierno considera que el Estado debe tener preponderancia porque el sector privado es especulativo, busca el lucro y no el bienestar de la población.**

—Esa es una discusión larga pero al final lo que debemos evaluar son los resultados. ¿Hay ingresos suficientes para tener una vida digna? ¿Buenos empleos? ¿Precios accesibles? ¿Disponibilidad de productos? La respuesta por lo que hemos visto en los últimos años es no.

MÁS DEPENDIENTES

La combinación de empresas públicas negligentes, un sector privado que recortó al mínimo la inversión, así como un entorno que favorece las importaciones por mantener la sobrevaluación de la moneda solo podía tener como resultado la virtual desaparición de las exportaciones no petroleras.

La promesa de diversificar la economía se estrelló por completo. En 2012 las exportaciones no asociadas al petróleo apenas reportaron

3 771 millones de dólares, es decir, 32 % menos que 17 años atrás e incluso menos que lo registrado durante la aguda crisis política de 2002 y 2003, que incluyó un paro de empresas privadas. El proceso que prometía exportar línea blanca, productos agrícolas, computadoras, recibía 96 de cada 100 dólares de ingreso por la vía del petróleo. Nada había cambiado; al contrario, empeorado[119].

Hay más. Las exportaciones no petroleras prácticamente se limitan a químicos y metales comunes, que representan 72 % de las ventas, mientras que el área agrícola y la industria de alimentos, donde el Estado expropió miles de hectáreas de tierras y empresas emblemáticas, tan solo aportan 1,4 %.

Un punto resaltante en esta radiografía es que la industria manufacturera, un área clave para impulsar las exportaciones no petroleras, culminó 2012 con una producción inferior en 4,5 % a la de 2008, afectada por los problemas en el ala pública, pero también por el pobre desempeño del sector privado.

Las estadísticas oficiales revelan que en nueve de los 16 sectores en los que el Banco Central divide a la industria manufacturera privada la producción es inferior a la de 1997. El área que requiere mayor grado de desarrollo, como maquinarias y equipos, elabora 44 % menos que 17 años atrás.

EL DESCONTROL

En febrero de 2013, la economía venezolana cumplió una década bajo un control de cambio que además de ampliar el poder del Gobierno sobre el sector privado, al decidir quién recibe o no cuántos dólares, debía acabar con la fuga de divisas y contener la inflación garantizando la estabilidad en el precio del dólar para las importaciones; pero los resultados no han sido los esperados.

En repetidas ocasiones, Hugo Chávez justificó la prohibición de comprar divisas libremente bajo el argumento de que «la oligarquía vene-

---

119 La cifra corresponde a la balanza de pagos del Banco Central. En 2002, las exportaciones no petroleras se ubicaron en 5 249 millones de dólares y en 2003 en 5 201 millones de dólares.

zolana se lleva los dólares para colocarlos en los bancos del mundo», pero la balanza de pagos, que entre otras cosas documenta la salida de dólares del país, evidencia que en este sentido el cerrojo fracasó estrepitosamente.

Un estudio elaborado por Ecoanalítica, firma que hace un fiel seguimiento a la marcha de la economía venezolana sustentado en la balanza de pagos que publica el Banco Central, indica que en diez años de control de cambio la salida de capitales del sector privado asciende a la asombrosa cifra de 141 959 millones de dólares, una sangría sin precedentes. ¿Cómo, en medio del control, las empresas y los particulares pudieron adquirir dólares por esta cantidad?

La primera fuente es el propio Gobierno, que decidió endeudarse vendiendo bonos en dólares que los compradores cancelaban con bolívares. De esta manera, las finanzas públicas obtenían más recursos para ampliar el gasto, pero al precio de acumular una torre de títulos que, al vencerse y ser cancelados, representan divisas de la República para el sector privado que, a su vez, los deposita en el exterior.

«En Ecoanalítica estimamos que del total de la salida de capitales privados, durante los diez años del control de cambios, unos 48 119 millones han sido financiados a través de la emisión de bonos en moneda extranjera emitidos por el Estado y PDVSA», precisa el estudio[120].

Asdrúbal Oliveros, director de la firma, explica que 67 285 millones de dólares corresponden a compras de dólares en el mercado paralelo de divisas, más que todo abastecido por PDVSA mediante la emisión de notas estructuradas, pagarés y ventas directas de dólares, entre otras cosas, para cancelar a sus proveedores.

Finalmente, unos 26 556 millones de dólares fueron financiados a través de otras fuentes, mediante prácticas como la sobrefacturación de importaciones o la subfacturación de exportaciones.

La colosal salida de divisas se explica, desde la óptica de las empresas, como una respuesta natural frente a un modelo que anunció la reducción del sector privado, controles y expropiaciones. Al mismo tiempo, los ciudadanos buscaban afanosamente comprar dólares en un entorno donde las tasas de interés con que la banca recompensaba los ahorros

---

120 Ecoanalítica, 2013.

estaban muy lejos de proteger la capacidad de compra del dinero porque crónicamente se ubicaban por debajo de la inflación.

La lógica del Gobierno consistía en que regular la compra de divisas permitía mantener estable el tipo de cambio oficial por mucho tiempo, a fin de asegurar que el costo de las importaciones crezca poco y la inflación sea baja. No obstante, la realidad es que los precios no dejaban de aumentar constantemente.

En un análisis sobre el tema, el departamento de estudios de Barclays Capital, una de las grandes entidades financieras en la economía global, señala que en los diez años de control de cambio la inflación registró un promedio anual de 20 %, prácticamente la misma cifra de cuando no había regulación; y en los últimos cinco años se situó en un promedio de 26,3 %, el más elevado de América Latina.

No hay sorpresas. Al mismo tiempo que las autoridades mantenían fijo el tipo de cambio, suministraban una gran cantidad de bolívares a la economía a través del gasto público, creando un fuerte desequilibrio entre la oferta y la demanda que, lógicamente, impulsó los precios. Además, una porción importante de las empresas utilizó como referencia el tipo de cambio negro, que se despegó por completo del dólar oficial, creando mayor presión inflacionaria.

Durante los primeros tres años del control de cambio, se tomó la decisión de que el precio del dólar aumentara prácticamente igual que el resto de los productos, pero desde 2005 no fue así; por lo tanto, el billete verde se convirtió en el artículo más barato después de la gasolina. Aparte de catapultar las importaciones, esta dinámica significó pérdidas para el Estado, que recibía pocos bolívares por las divisas que vendía a los importadores, prácticamente todas provenientes del petróleo.

Barclays Capital calcula que desde que se implementó el control de cambio la venta de dólares baratos significó para el Gobierno, en promedio anual, un costo equivalente a 6,8 % del PIB y en 2012 esta magnitud se disparó hasta 10 % del PIB.

Hay más. Este costo supera al déficit promedio en las cuentas públicas de 5,6 % del PIB, que obligó a incrementar la deuda de la Nación desde 23 % del PIB hasta 51 % del PIB entre 2008 y 2012. Es decir, de haber renunciado a querer derrotar la inflación a través de la venta de dólares baratos, la administración de Hugo Chávez no hubiese tenido que endeudarse como lo hizo, en medio de un ciclo de muy altos precios del petróleo.

CORTE DE CUENTA

¿Cuánta riqueza recibió Venezuela desde que comenzó a escalar el barril, vino el declive por la crisis internacional y la posterior etapa de repunte? Las cifras oficiales señalan que entre 2003 y 2012 el país obtuvo la fortuna de 610 920 millones de dólares. ¿Qué hizo con estos recursos? Lo primero fue importar: las compras al exterior suman 369 720 millones de dólares. Además, como ya se ha comentado, 141 959 millones de dólares abandonaron la Nación para ser colocados en entidades financieras del exterior. Por último, se sabe que el Gobierno colocó en cuentas fuera del país unos 37 533 millones de dólares[121].

Una política exitosa para estimular el consumo y obtener renta política por esta vía, pero absolutamente ineficaz para estimular la producción, derivó en que 60 de cada 100 dólares obtenidos se destinaran a la importación. Podría argumentarse que parte de lo comprado en el exterior son máquinas y equipos para diversificar la economía, pero el aporte de la manufactura perdió peso y no alcanzó desarrollo alguno, como lo demuestra el descenso de las exportaciones no petroleras. Al añadir a las importaciones la salida de divisas del sector privado, 84 de cada 100 dólares recibidos se gastaron en estos dos conceptos.

Decidido a minimizar el tamaño del sector privado, se cayó en una estrategia de expansión del Estado que comienza a mostrarse como un estruendoso fracaso con empresas públicas en rojo, nóminas abultadas y fallas burocráticas que les impiden ser rentables. Además, a pesar de las expropiaciones, estatizaciones e inauguración de fábricas públicas, el sector privado sigue teniendo un peso preponderante en la economía. Al cierre de 2012 representa 58 % del PIB *versus* 62,8 % en 2006.

La lección de los años 70 y principios de los 80, en el sentido de que es necesario un manejo de las finanzas públicas que asegure estabilidad, no fue aprendida. La brecha entre ingresos y gastos es de tal mag-

---

121 La cifra de importaciones y exportaciones corresponde a la balanza de pagos del Banco Central.

nitud que aun con el valor del petróleo a 100 dólares el barril, se hizo inevitable devaluar la moneda para atenuar el descuadre en las cuentas.

Las estadísticas de la OPEP y el tipo de cambio al cierre del 22 de febrero de 2013 indican que Venezuela es el petro-Estado que más ha devaluado su moneda. Desde 2004, el bolívar registra una devaluación de 69,5 % frente al dólar. El siguiente en la lista es el rial de Irán, que ha perdido 29 %; el naira de Nigeria, 15,6 % y el kwanza de Angola 13,5 %. Arabia Saudita y Emiratos Árabes han mantenido estable el tipo de cambio frente al dólar, mientras que Kuwait y Libia ganan terreno.

Conscientes de la extrema volatilidad del barril, los petro-estados, excepto Venezuela, han mantenido la prudencia durante este prolongado ciclo de bonanza creando fondos de ahorro y conservando la deuda en montos muy confortables. Las estadísticas del Fondo Monetario Internacional señalan que Venezuela, al cierre del tercer trimestre de 2012, contaba con una deuda equivalente a 51 % del tamaño de la economía, es decir, del PIB, magnitud solo superada por Irak que lucha por superar los estragos de la guerra. Al dejar a un lado a Irak, el petro-Estado con más deuda después de Venezuela es Catar, pero con una carga que solo representa 35 % del PIB[122].

Hay que tomar en cuenta que la devaluación del bolívar el 8 de febrero de 2013 aumenta el peso de la deuda, porque el PIB medido en dólares disminuye y, en términos prácticos, se requieren más bolívares para pagar los compromisos contraídos en divisas[123].

La administración de Hugo Chávez no constituyó un fondo de ahorro y el país carece de un escudo ante un eventual descenso en los precios del petróleo. A esto se añade mayor fragilidad en la estructura de las reservas internacionales, es decir, el tanque de dólares que respalda la moneda cancela las importaciones y la deuda en divisas.

---

122 En la mayoría de los petro-Estados la política ha consistido en disminuir la deuda. Por ejemplo, Arabia Saudita la rebajó desde 65 % del PIB en 2004 hasta 5,5 % en 2012; Kuwait desde 18,5 % hasta 7 %; Irán desde 25 % hasta 11 %; Angola desde 54 % hasta 28 % y Nigeria desde 53 % hasta 15 %.

123 Un estudio elaborado por el economista José Guerra, exgerente de investigaciones económicas del Banco Central, y el profesor de la Universidad Metropolitana Luis Oliveros, considera que para febrero de 2013 la deuda total de Venezuela, incluyendo el monto de 105 700 millones de dólares para los compromisos en divisas que contabiliza el Banco Central, facturas pendientes en PDVSA, estatizaciones que requerirán pagos porque están en juicios internacionales y la deuda en bolívares, representan 70 % del PIB.

Obligado por una reforma legal, el Banco Central le entregó al Fonden 26 000 millones de dólares de las reservas internacionales, secando la parte líquida del tanque; por lo tanto, 70 % de las reservas son barras de oro que, al igual que el petróleo, tienen un precio bastante volátil.

Entre 2008 y 2012 el país no aumentó sus reservas internacionales; las redujo en 29 % a pesar de que incrementó la propensión a importar, de que incrementó la deuda externa y de que es visto por los mercados internacionales como un país de alto riesgo, lo que obliga a cancelar altas tasas de interés para obtener financiamiento.

Así, una estructura de mayor debilidad en las cuentas públicas y una economía cada vez más dependiente de los altos precios del petróleo ponen en peligro el éxito que puede mostrar el Gobierno: el descenso de la pobreza medida por ingresos, gracias al masivo incremento del gasto público y, a su vez, del consumo.

LA VISIÓN DEL PROCESO

Desde el punto de vista de Jorge Giordani, tras catorce años de gobierno, el país continúa en transición y aún hay que esperar por que el sol del socialismo salga para siempre. El 24 de febrero, después de anunciar la devaluación de la moneda, el ministro señaló que

> Gramsci lo dice a su manera: lo viejo decadente no muere, y lo nuevo emergente no termina de nacer. Es un cruce de caminos. ¿Qué es el socialismo? Es una sociedad fundamentada en el trabajo. Ahora, cómo podemos nosotros pensar que nuestra economía actual, en una sociedad que es capitalista, dependiente, subdesarrollada y rentística. ¿Cómo damos ese paso a esa nueva sociedad?[124].

La idea de que el país aún no logra avanzar de la transición también está presente en los libros publicados por el principal arquitecto del modelo económico. Vale la pena citar que, en 2012, señala que

> ... la inversión masiva en salud, educación, construcción de viviendas y pago de la seguridad social, no queda duda hará incrementar, además de los niveles de

---

124 Entrevista concedida a Televen el 24 de febrero de 2013.

vida, la productividad del factor trabajo. Si esa inmensa cantidad de recursos como transferencias a quienes menos poseen dará fortaleza a la construcción de un modelo productivo basado en la lógica del trabajo y no en la del capital es harina de otro costal, dado que para hacer irreversible dicha transformación a un modelo de acumulación socialista, y a un modelo de desarrollo de esas características, mucho es el camino por andar. Sobre todo si de lo que vivimos en la actualidad es el peso político social de una República, la cuarta, que privó y dominó la sociedad venezolana durante más de cuatro décadas[125].

Al explicar por qué aún no se logra la gran transformación, menciona al enemigo externo.

El cambio de un modelo productivo rentístico a otro de carácter netamente productivo, en el que la renta proveniente del petróleo, aún está lejos de ser eliminada como factor importante de acumulación, todavía se encuentra lejos de ser alcanzado, máxime con la guerra que ha perpetuado el imperio norteamericano contra el proceso bolivariano en marcha, tanto por el aislamiento externo como por la desestabilización interna[126].

Jorge Giordani no precisa a qué se refiere por aislamiento externo y desestabilización interna, propiciada por Estados Unidos.

Víctor Álvarez, exministro de Industrias Básicas y Minería e investigador del Centro Internacional Miranda, un organismo afecto al Gobierno, también considera que el modelo socialista aún es una promesa.

La recuperación del PIB anunciada por el Banco Central en el año 2012 es una ocasión propicia para revisar la política económica. Acelerar la transición al socialismo, más que reactivar la actual economía predominantemente capitalista, lo que exige es transformarla en una nueva economía socialista, en manos de los trabajadores directos y de la comunidad organizada. En este sentido, las medidas que el Gobierno Bolivariano en adelante tome deberán ir más allá de mantener un simple crecimiento económico para plantearse, fundamentalmente, la transformación del capitalismo rentista venezolano en un nuevo modelo productivo socialista[127].

---

125 Giordani, 2012: 130.
126 Giordani, 2012: 130.
127 Álvarez, R., «Creció la economía: lo que importa ahora es transformarla», en su blog.

Agrega:

Recordemos que, en el período de auge económico anterior a la última recesión, mientras el PIB estuvo creciendo, cada vez que el Banco Central publicaba su informe, celebrábamos el acierto de la política económica y la fortaleza de la economía venezolana. Pero nunca reparamos en la naturaleza y calidad de ese crecimiento, razón por la cual se mantuvo la inercia de otorgar los incentivos públicos, sin aplicar ningún principio de reciprocidad a los beneficiarios[128].

Y concluye:

Pero cuando nos dimos cuenta de que gracias a estos generosos incentivos lo que más estaba creciendo era la economía capitalista y que la estructura del PIB se estaba tornando de mala calidad –con un creciente peso del comercio importador y los servicios financieros especulativos y de alto riesgo–, entonces comenzamos a celebrar la caída del PIB, argumentando que lo que está cayendo es la economía capitalista, sin hacer nada para reactivarla. La lección fue clara: apostar a la desaparición de la economía capitalista sin haber creado antes la nueva economía socialista es el atajo perfecto para quedar atrapados en un círculo vicioso de caída de la producción, escasez, acaparamiento, especulación, inflación, desempleo y creciente malestar social[129].

FUTURO COMUNAL

Durante la campaña electoral previa a las elecciones del 7 de octubre de 2012, Hugo Chávez le propuso al país un plan de gobierno que, tras su muerte, el 5 de marzo de 2013, se convierte en la hoja de ruta que deja el máximo líder para el proceso socialista: la economía comunal y menor participación del sector privado, puesto que la meta a alcanzar es la «radical supresión de la lógica del capital que debe irse cumpliendo paso a paso».

La economía comunal ya tiene todas sus leyes aprobadas (Ley Orgánica de las Comunas, Ley Orgánica del Sistema Económico Comunal,

---

128 Ibídem.
129 Ibídem.

Ley Orgánica de los Consejos Comunales, Ley de Transferencia, entre otras) y el ingreso petrolero, junto a la emisión de deuda, deberían permitir su expansión de la mano del Estado.

El rompecabezas diseñado en las leyes indica que las comunas serán formadas por agrupaciones de ciudadanos organizados, conocidas como consejos comunales; a su vez, cada comuna tendrá empresas que asumirán atribuciones que hoy pertenecen a las gobernaciones y alcaldías, mientras que el banco comunal administrará el dinero que fluirá desde el Estado y el parlamento comunal aprobará las normas que aparecerán en la gaceta comunal.

A inicios de 2013 ya existían 41 000 consejos comunales y el plan es crear 21 000 más hasta 2017, así como tres mil bancos comunales en vista de los recursos que fluirán hacia el sistema, que deberá cristalizar en el surgimiento de 30 000 empresas comunales.

Las empresas comunales serán la expresión del hombre nuevo. Sus integrantes «no tienen derecho o participación sobre el patrimonio» y el reparto de ganancias, que en la ley se menciona como «excedentes económicos», cuando existan, «se hará a través de la reinversión social en beneficio de la colectividad».

Los mecanismos de toma de decisiones y la elección de la directiva de la empresa serán a través de «asambleas populares, referendos y otras formas de participación popular» y no podrán asociarse con «sociedades mercantiles o compañías de comercio», y, en caso de ser liquidadas, los bienes no permanecerán en manos de nadie en particular: se convertirán en propiedad social.

Para acelerar la marcha hacia la nueva estructura, en junio de 2012, Hugo Chávez aprobó por vía habilitante la Ley para la Gestión Comunitaria de Competencias, estableciendo que al «inicio de cada año», los «órganos del poder público nacional, los estados y municipios, deberán presentar a la Secretaría del Consejo Federal de Gobierno un plan anual de transferencia de gestión de servicios, actividades, bienes y recursos», que deberán pasar a manos de las empresas comunales.

La lista de competencias a traspasar es larga: mantenimiento de establecimientos de atención primaria de salud, de centros educativos, y de instalaciones deportivas y culturales. Se añaden producción de materiales y construcción de viviendas, políticas comunitarias de deporte, administración de programas sociales y áreas industriales, recolección de desechos sólidos, construcción de obras comunitarias, administración y prestación de servicios públicos, prestación de servicios financieros, producción y distribución de alimentos, entre otras.

Las gobernaciones y alcaldías están obligadas a entregar los recursos a la empresa comunal para que cumpla con la función que se transfiere y realizar las previsiones para que haya continuidad durante los próximos ejercicios fiscales. El dinero también podrá fluir desde el Fondo de Compensación Interterritorial, una alcancía que recibe 15 % de lo que el Estado obtiene por IVA, otros desembolsos por la Ley de Asignaciones Económicas Especiales y transferencias del Ejecutivo.

En 2012, un 30 % del dinero que administra el Fondo de Compensación Interterritorial fue entregado a los consejos comunales y, de avanzar el esquema, una porción mayor de los bolívares restantes será destinada a garantizar la transferencia de competencias. De esta forma, las gobernaciones y alcaldías solo tendrían como fuente de ingresos el situado constitucional, que en la mayoría de los casos alcanza, con mucha dificultad, para cubrir gastos administrativos.

Además, el Ejecutivo está obligado a darle a la estructura comunal «prioridad y preferencia en los procesos de contrataciones públicas, para la adquisición de bienes, saberes y servicios o ejecución de obras llevados por órganos y entes del Poder Público» y contará con la facultad de establecer asociaciones con otros países para impulsar las relaciones comerciales y definir por decreto los Distritos Motores del Desarrollo, es decir, zonas geográficas donde florecerá la nueva economía.

El profesor de la Universidad Central de Venezuela Ronald Balza resume en un análisis sobre el tema que «este es un sistema donde, por lo tanto, el Estado articula las cadenas productivas, adquiere los productos de las organizaciones, contrata en su nombre intercambios internacionales, vela por la 'justicia' de los intercambios y puede mantener la propiedad pública de los medios de producción»[130].

Se trata de un paso grande hacia el centralismo, al restarles competencias a las instancias regionales; y hacia el agigantamiento del Estado, porque si las empresas comunales son creadas a instancia del Gobier-

---

130 Balza, *Sic* 2010: 304.

no, sin capital propio, sin reparto de ganancias, no son más que nuevas organizaciones que pasan a depender de un gasto público cada vez más supeditado a la suerte del petróleo.

La renta petrolera, que se muestra insuficiente a inicios de 2013 con el barril a 103 dólares y obliga a devaluar la moneda para incrementar los ingresos, tendrá que soportar nuevas cargas en caso de que las empresas comunales comiencen a reportar pérdidas.

MADURO CON PISO DE ANIME

El sábado 8 de diciembre de 2012, Hugo Chávez encadenó por última vez a la radio y la televisión: «Ustedes saben, mis queridos amigos, venezolanos, venezolanas, que no es mi estilo un sábado por la noche, y menos a esta hora, 9:30 de la noche, una cadena nacional, pero obligado por las circunstancias me dirijo a ustedes, pueblo venezolano».

Consciente de que marchaba a Cuba para una delicadísima operación que fracasaría como fórmula para devolverle la salud, Chávez nombró a su sucesor.

> Si se presentara alguna circunstancia sobrevenida que a mí me inhabilite para continuar al frente de la Presidencia de la República, bien sea para terminar los pocos días que quedan (un mes) y sobre todo para asumir el nuevo período para el cual fui electo por la gran mayoría de ustedes, Nicolás Maduro no solo debe concluir el período, sino que mi opinión firme, plena, irrevocable, absoluta y total es que en ese escenario, que obligaría a convocar a elecciones presidenciales como lo manda la Constitución, ustedes elijan a Nicolás Maduro como presidente de la República. Yo se los pido de corazón.

Hugo Chávez no volvería a hablar públicamente por ningún otro medio; fallecería el 5 de marzo de 2013 y, cinco semanas más tarde, Nicolás Maduro competiría con Henrique Capriles, líder de la oposición, en unas elecciones presidenciales que resultaron un duro golpe para el partido de gobierno.

Nicolás Maduro obtuvo una precaria victoria, con apenas 1,5 % de diferencia, un mínimo margen que no le permitió erigirse en líder indiscutido de la Revolución Bolivariana. Al contrario, el movimiento quedó fuera de su zona de confort, con medio país en contra y debilitado para impulsar cambios profundos, como la economía comunal.

Sin el carisma y la empatía alcanzada por Hugo Chávez con los sectores populares, una parte importante del voto se desplazó hacia la oposición. Fue como si de repente la oferta de un mejor futuro ya no solo estuviera en manos del Gobierno, aparte de que los desequilibrios económicos, que permanecieron ocultos durante 2011 y 2012, comenzaron a emerger a principios de 2013, justo antes de las elecciones.

Está por verse si el Socialismo del Siglo XXI podrá continuar avanzando o si la nueva etapa de pérdida de respaldo político y agotamiento del modelo económico, altamente supeditado a la ruleta de la renta petrolera, controles y ampliación del tamaño del Estado, lo condenaron a ser minoría o a modificar el proyecto para obtener mayor estabilidad y continuidad en el poder.

BIBLIOGRAFÍA

«La campaña electoral le costó al país casi mil millones de bolívares». En CABALLERO, Manuel. (1987). *El discurso del desorden*. Caracas, Alfadil Ediciones, Colección Trópicos.

ADRIANI, Alberto «Labor venezolanista». En: Baptista, Asdrúbal. (2010). *Teoría económica del capital rentístico*. Caracas, Banco Central de Venezuela.

ÁLVAREZ R., Víctor. (2012). *Claves para la industrialización socialista*. Caracas, La Pupila Insomne.

ÁLVAREZ R., Víctor. (2011). *¿Hacia dónde va el modelo productivo?* Caracas, La Pupila Insomne.

APONTE, Carlos. *La situación social de Venezuela: balance y desafíos* [en línea]. Instituto Latinoamericano de Investigaciones Sociales Ildis, octubre de 2012. http://library.fes.de/pdf-files/bueros/caracas/09463.pdf

ARENAS, Nelly. (2004). *El empresariado venezolano: ¿del semicorporativismo al corporativismo estatal?* Caracas, Centro de Estudios del Desarrollo, CENDES, Universidad Central de Venezuela.

BAPTISTA, Asdrúbal. (2010). *Teoría económica del capital rentístico*. Caracas, Banco Central de Venezuela.

BAPTISTA Asdrúbal y Bernard Mommer. (1999). *El petróleo en el pensamiento económico venezolano*. Caracas, Ediciones IESA, 2.ª edición.

BETANCOURT, Rómulo. (2001). *Venezuela, política y petróleo*. Caracas, Fundación Rómulo Betancourt, Monte Ávila Editores Latinoamericana, 2.ª edición.

BLANCO, Carlos. (2002). *Revolución y desilusión*. Caracas, Catarata.

BLANCO MUÑOZ, Agustín. (1989). *Acción Democrática. Memorias de una contradicción*. Caracas, Universidad Central de Venezuela, Cátedra Pío Tamayo.

BLANCO MUÑOZ, Agustín. (2011). *¡Yo sigo acusando! Habla CAP*. Caracas, Universidad Central de Venezuela, Cátedra Pío Tamayo.

CABALLERO, Manuel. (1987). *El discurso del desorden*. Caracas, Alfadil Ediciones, Colección Trópicos.

CLINE, William. «Estructura, orígenes y administración de la deuda pública externa de Venezuela». En: Valecillos Toro, Héctor y Omar Bello Rodríguez (compiladores). (2001). *La economía contemporánea de Venezuela, 1990-1999. Ensayos escogidos* (II tomos). Caracas, Ediciones del Banco Central de Venezuela.

COMBELLAS, Ricardo. (2002). «La Constitución de 1999 y la reforma política: implicaciones para la gobernabilidad democrática» [en línea]. http://unpan1.un.org/intradoc/groups/public/documents/CLAD/clad0043422.pdf

Contraloría General de la República: Informe al Congreso, 1976. En: Malavé Mata, Héctor. (1987). *Los extravíos del poder. Euforia y crisis del populismo en Venezuela*. Caracas, Universidad Central de Venezuela, Ediciones de la Biblioteca, Colección Ciencias Económicas y Sociales.

CORRALES, Javier y Michael Penfold. (2012). *Un dragón en el trópico*. Caracas, La Hoja del Norte.

CRAZUT, Ramón. (2006). *La siembra del petróleo como postulado fundamental de la política económica venezolana: esfuerzos, experiencias y frustraciones*. Caracas, Universidad Central de Venezuela, Consejo de Desarrollo Científico y Humanístico; Banco Central de Venezuela, Colección Estudios.

DÍAZ BRUZUAL, Leopoldo. (1984). *Crisis y recuperación*. Caracas, Editorial Arte.

ESCOBAR, Gustavo. «El laberinto de la economía». En: Naím, Moisés y Ramón Piñango. (1999). *El caso Venezuela: Una ilusión de armonía*. Caracas, Ediciones IESA, 6.ª Edición.

ESPAÑA, Luis Pedro. (1989). *Democracia y renta petrolera*. Caracas, Universidad Católica Andrés Bello, Instituto de Investigaciones Económicas y Sociales.

GARCÍA, Haydée y Silvia Salvato. «Gasto social y equidad en Venezuela 1970-2004». En: Maingon, Thaís (coordinadora). (2006). *Balance y perspectivas de la política social en Venezuela*. Caracas, Instituto Latinoamericano de Investigaciones Sociales (Ildis): 245-268.

GIORDANI, Jorge. (2012). *Impresiones de lo cotidiano*. Caracas, Vadell Hermanos.

GIORDANI, Jorge. (2011). *Impresiones de lo cotidiano*. Caracas, Vadell Hermanos.

GIORDANI, Jorge. (2010). *Impresiones de lo cotidiano*. Caracas, Vadell Hermanos.

GIORDANI, Jorge. (2009). *Impresiones de lo cotidiano*. Caracas, Vadell Hermanos.

HARNECKER, Marta. (2002). *Hugo Chávez Frías. Un hombre, un pueblo*. La Habana, Editorial de Ciencias Sociales.

HAUSMANN, Ricardo y Francisco Rodríguez. *Venezuela: Anatomy of a collapse* [en línea]. 27 abril 2006. http://frrodriguez.web.wesleyan.edu/docs/Books/Venezuela_Anatomy_of_a_Collapse.pdf

HAUSMANN, Ricardo y Gustavo Márquez. «La crisis económica de Venezuela». En: Valecillos T., Héctor y Omar Bello Rodríguez (compiladores). (1990). *La economía contemporárena de Venezuela. Ensayos escogidos*. Tomo III. Caracas, Banco Central de Venezuela, Colección Cincuentenaria.

HEINZ, Dieterich. «Hugo Chávez pide acelerar el Socialismo del Siglo XXI» [en línea]. *Rebelión*, 22 junio 2006. http://www.rebelion.org/noticia.php?id=33441

HERNÁNDEZ, Ramón y Roberto Giusti. (2006). *Carlos Andrés Pérez: memorias proscritas*. Caracas, Los libros de *El Nacional*.

KARL, Terry Lynn. (1997). *The Paradox of Plenty. Oil booms and Petro States*. Los Angeles, University of California Press.

KENNETH, Roberts. «Polarización social y resurgimiento del populismo en Venezuela». En: Ellner, Steve y Daniel Hellinger (editores). (2003). *La política venezolana en la época de Chávez*. Caracas, Consejo de Investigación de la Universidad de Oriente, Nueva Sociedad, 75-96.

MALAVÉ MATA, Héctor. (1987). *Los extravíos del poder. Euforia y crisis del populismo en Venezuela*. Caracas, Universidad Central de Venezuela, Ediciones de la biblioteca, Colección Ciencias Económicas y Sociales.

MANZANO, Osmel y Roberto Rigobón. «'Maldición de los recursos' o sobreendeudamiento». En: Pineda, José Gregorio y Francisco Sáez (compiladores). (2006). *Crecimiento económico en Venezuela. Bajo el signo del petróleo*. Caracas, Banco Central de Venezuela, Colección Economía y Finanzas.

MARICHAL, Carlos. (2010). *Nueva historia de las grandes crisis financieras. Una perspectiva global, 1873-2008*. Buenos Aires, Editorial Suramericana.

MAZA ZAVALA, Domingo. (1977). *Otro gobierno que fracasa: un análisis del MAS para los venezolanos*. Caracas, Comisión Nacional de Investigaciones y Estudios del MAS.

MOMMER, Bernard. (2003). *Petróleo subversivo* [en línea]. http://www. PDVSA.com/interface.sp/database/fichero/article/524/1.PDF

PALMA, Pedro. (1989). *La economía venezolana en el período (1974-1988): ¿Últimos años de una economía rentista?* Caracas, IESA MetroEconómica. Separata del libro *Venezuela Contemporánea (1974-1989)*. (1989). Caracas, Fundación Eugenio Mendoza. 157-248.

PENFOLD, Michael. (2006). «Clientelism and Social Funds: Empirical Evidence from Chávez's 'Misiones' Programs In Venezuela. [en línea]. http://siteresources.worldbank.org/INTDECINEQ/Resources/1149208-1147789289867/IIIWB_Conference_Clientelism_and_Social_FundsREVISED.pdf

PEÑA, Alfredo. (1979). *Conversaciones con Carlos Andrés Pérez*. Volumen II. Caracas, Editorial Ateneo de Caracas.

PÉREZ, Carlos Andrés. (1977). *Manos a la obra. Textos de mensajes, Discursos y Declaraciones del Presidente de la República*. Tomo I, Volumen I, 12 de marzo de 1974 a 30 de septiembre de 1974. Caracas, Ediciones de la Presidencia de la República.

PÉREZ ALFONZO, Juan Pablo. (2011). *Hundiéndonos en el excremento del diablo*. Caracas, Banco Central de Venezuela, Colección Venezuela y su Petróleo.

PINEDA, José Gregorio y Francisco Sáez (compiladores). (2006). *Crecimiento económico en Venezuela. Bajo el signo del petróleo*. Caracas, Banco Central de Venezuela, Colección Economía y Finanzas.

PINO ITURRIETA, Elías. (2009). *Venezuela metida en cintura 1900-1945.* Caracas, Universidad Católica Andrés Bello, Colección Histórica N°. 10.

PURROY, M. Ignacio. (1982). *Estado e industrialización en Venezuela.* Valencia, Vadell Hermanos Editores.

REY, Juan Carlos. (1998). *El futuro de la democracia en Venezuela.* Caracas, Universidad Central de Venezuela, Facultad de Ciencias Jurídicas y Políticas.

RIUTORT, Matías. (1999). *Las causas de la pobreza en Venezuela* [en línea]. http://biblioteca2.ucab.edu.ve/iies/bases/iies/texto/RIUTORT_MT_1999.PDF

RODRÍGUEZ F., Miguel. «El verdadero origen del endeudamiento externo». En: Valecillos T., Héctor y Omar Bello Rodríguez (compiladores). (1990). *La economía contemporánea de Venezuela. Ensayos escogidos.* Tomo III. Caracas, Banco Central de Venezuela, Colección Cincuentenaria.

RODRÍGUEZ, Francisco y Jeffrey Sachs: «*¿Por qué las economías abundantes en recursos naturales crecen más lentamente?*». En: Pineda, José Gregorio y Francisco Sáez (compiladores). (2006). *Crecimiento económico en Venezuela. Bajo el signo del petróleo.* Caracas, Banco Central de Venezuela, Colección Economía y Finanzas.

RODRÍGUEZ, Gumersindo. (1981). *Economía pública, planificación y capitalismo de Estado en Venezuela.* Caracas, Corpoconsult.

SCHLIESSER, Reinier y José Silva. (200). *La renta petrolera y el crecimiento económico de Venezuela.* Documentos de trabajo del Banco Central de Venezuela.

SEIDMAN, L. William. (1993). *Full Faith and Credit: The Great S & L Debacle and Other Washington Sagas.* Washington, Beard Books.

SILVA LUONGO, Luis José. (2000). *De Cipriano Castro a Carlos Andrés Pérez (1899-1979). Hechos, vivencias y apreciaciones.* Caracas, Monte Ávila Editores Latinoamericana, Fundación Luis Jesús Silva Acosta.

TROCELLO, María Gloria (2007). «Neopatrimonialismo, populismo y comunitarismo». [en línea]. http://www.saap.org.ar/esp/docs-congresos/congresos-saap/VII/programa/paneles/a/a2/trocello.pdf.

ÚSLAR PIETRI, Arturo. (1990). *Los venezolanos y el petróleo.* Caracas, Banco de Venezuela.

ÚSLAR PIETRI, Arturo. (1986). *Medio milenio de Venezuela*. Caracas, Cuadernos Lagoven.

VELÁZQUEZ, Efraín. «Opciones para el crecimiento económico». En: (2004). *Venezuela y su gobernabilidad*. Caracas, Consejo de Economía Nacional, Universidad Metropolitana. 11-23.

VERA, Leonardo. (2005). *Liderazgo político, renta y política económica: La gestión económica en la era de Chávez*. Caracas, Universidad Central de Venezuela, Escuela de Economía.

PUBLICACIONES PERIÓDICAS

«Avance de Pulpaca apenas llega a 48 % a siete años de su inicio» [en línea]. *El Universal*, 25 de marzo de 2013. http://www.eluniversal. com/economia/130325/avance-de-pulpaca-apenas-llega-a-48-a-siete-anos-de-su-inicio

«Caída de los precios y baja demanda afectaron a FMO» [en línea]. *El Universal*, 26 de marzo de 2013. http://www.eluniversal.com/economia/130326/caida-de-los-precios-y-baja-demanda-afectaron-a-fmo

«Escenarios de Datanálisis favorecen ratificación del mandato de Chávez» [en línea]. *El Universal*, 08 de agosto de 2004. http://www.eluniversal.com/2004/08/08/imp_revo_art_08104D

«Falta de recursos impactó labor de Corpoelec en 2012» [en línea]. *El Universal*, 31 de marzo de 2013. http://www.eluniversal.com/economia/130331/falta-de-recursos-impacto-labor-de-corpoelec-en-2012

«Inveval cerró el año pasado con pérdidas de 720.532 bolívares» [en línea]. *El Universal*, 23 de marzo de 2013. http://www.eluniversal.com/economia/130323/inveval-cerro-el-ano-pasado-con-perdidas-de-720532-bolivares

«La década de la bonanza perdida: ¿qué nos dice la balanza de pagos?». ECOANALÍTICA, *Informe Semanal* 10, Año 8. Semana II, Marzo 2013.

«Menor competitividad». ECOANALÍTICA, *Informe Semanal* 36, Año 4, Semana III, septiembre 2008.

«Producción de caña de azúcar es 9,8 % menor a la de 2010». [en línea]. *El Universal*, 27 de marzo de 2013. http://www.eluniversal.com/

economia/130327/produccion-de-cana-de-azucar-es-98-menor-a-la-de-2010

«Recesión y contracción del gasto: ¿La receta correcta?». ECOANALÍTICA, *Informe Semanal* 30, Semana II, agosto 2010.

«Venirauto solo produce 22 % de su capacidad instalada». [en línea]. *El Universal*, 22 de marzo de 2013. http://www.eluniversal.com/economia/130322/venirauto-solo-produce-22-de-su-capacidad-instalada

ÁLVAREZ R., Víctor: «Creció la economía: lo que importa ahora es transformarla» [en línea]. 22 de enero de 2013. http://victoralvarezrodriguez.blogspot.com/2013_01_01_archive.html

ARMAS, Mayela. «Fábrica Nacional de Cemento tiene tres años con pérdidas» [en línea]. *El Universal*, 04 de abril de 2013. http://www.eluniversal.com/economia/130404/fabrica-nacional-de-cemento-tiene-tres-anos-con-perdidas.

BALZA, Ronald. «Comunas y comunismo en el siglo XXI. Menos poder para la gente». *SIC* 727, agosto 2010.

BRATTON, Michael y Nicolas van de Walle. «Neopatrimonial Regimes and Political Transitions in Africa.» [en línea]. *World Politics*, Vol. 46, N.° 4, julio 1994: 453-489. http://www.jstor.org/discover/10.2307/2950715?uid=3739296&uid=2&uid=4&sid=21102548907251

CHUMACEIRO, Irma. «El discurso de Hugo Chávez: Bolívar como estrategia para dividir a los venezolanos». Caracas, Universidad Central de Venezuela, Boletín de Lingüística, Vol. 20, agosto-diciembre 2003: 22-42.

CONTRERAS, Angie. «Mercal analizará ajuste de sus precios el próximo año» [en línea]. *El Universal*, 29 de abril de 2012. http://www.eluniversal.com/economia/120429/mercal-analizara-ajuste-de-sus-precios-el-proximo-ano

DA CORTE, María Lilibeth. «Chávez reconoce que Barrio Adentro 'ha bajado eficiencia'» [en línea]. *El Universal*, 27 de julio de 2009. http://www.eluniversal.com/2009/07/27/pol_art_chavez-reconoce-que_1488192

DENIZ, Roberto. «Gestión de empresas estatales está marcada por la ineficiencia» [en línea]. *El Universal*, 11 de noviembre de 2011. http://www.eluniversal.com/economia/121111/gestion-de-empresas-estatales-esta-marcada-por-la-ineficiencia

El Nacional, Caracas, 10 de diciembre de 1977. D-1.

El Universal, Caracas 12 de marzo de 1974: 1-10.

El Universal. Caracas 13 de marzo de 1974: 1-6.

FERNÁNDEZ, Juan. «El convenio con Cuba» [en línea]. Analítica.com, 11 de noviembre de 2010. http://www.analitica.com/va/economia/opinion/6163482.asp

IZAGUIRRE, Maritza. «Las lecciones de la crisis (Venezuela 1983)». En: (1986) *Cuadernos del Cendes* V. 4, N.º 5. Caracas, Centro de Estudios del Desarrollo (Cendes).

KAUFMANN, Robert, Pavlos Karadeloglou and Filippo di Mauro. «Will Oil Prices Decline Over The Long Run?» [en línea]. European Central Bank. *Occasional Paper Series* 98, October 2008. http://www.ecb.europa.eu/pub/pdf/scpops/ecbocp98.pdf

LEÓN, Mariela. «Sidor duplicó el margen de pérdidas durante 2012» [en línea]. *El Universal,* 24 de marzo de 2013. http://www.eluniversal.com/economia/130324/sidor-duplico-el-margen-de-perdidas-durante-2012

MÁRQUEZ, Trino. (2004). «Presidencialismo, autoritarismo y culto a la personalidad (Hugo Chávez y el ejercicio del poder)» [en línea]. *Revista Venezolana de Análisis de Coyuntura,* 2004, Vol. X, No. 2, julio-diciembre: 57-77. http://www.sicht.ucv.ve:8080/bvirtual/doc/analisis%20de%20coyuntura/contenido/volumenes/2004/2/03-Marquez.pdf

PURROY, M. Ignacio. (1982). «Venezuela: medio siglo de industrialización». *SIC* 500, diciembre 1987: 482-485.

QUINTERO, Inés. (1985). «De la alucinación a la eficiencia (Román Cárdenas en el Ministerio de Hacienda). *Tierra Firme* 12. Caracas, octubre-diciembre: 599-611.

RODRÍGUEZ, Francisco. «Las consecuencias económicas de la revolución bolivariana». En: *Nueva Economía,* Año XII, N.º 19, abril 2003: 85-142.

SALMERÓN, Víctor. «En políticas públicas cuentan resultados no las intenciones» [en línea]. *El Universal,* 25 de julio de 2011. http://www.eluniversal.com/2011/07/25/en-politicas-publicas-cuentan-resultados-no-las-intenciones

SALMERÓN, Víctor. «Crece peso del Estado en la economía» [en línea]. *El Universal*, 19 de noviembre de 2009. http://www.eluniversal. com/2009/11/19/eco_art_crece-peso-del-estad_1660843

SALMERÓN, Víctor y Ernesto Tovar: «La revolución promueve el trueque» [en línea]. *El Universal*, 30 de julio de 2007. http://www. eluniversal.com/2006/07/30/eco_art_30201A

SALMERÓN, Víctor. «Gobierno descarta ajuste por caída del petróleo» [en línea]. *El Universal*, 05 de enero de 2009. http://www.eluniversal.com/2009/01/05/eco_art_gobierno-descarta-aj_1212254

SALMERÓN, Víctor: «Presidente cuestiona *boom* de consumo de los venezolanos» [en línea]. *El Universal*, 30 de julio de 2007. http://www. eluniversal.com/2007/08/22/eco_art_presidente-cuestiona_418004

SALMERÓN, Víctor. «Crece la dependencia comercial» [en línea]. *El Universal*, 08 de junio de 2007. http://www.eluniversal.com/2007/06/08/ eco_art_crece-la-dependencia_312744

SALMERÓN, Víctor. «Belleza en cómodas cuotas» [en línea]. *El Universal*, 21 de mayo de 2006. http://www.eluniversal.com/2006/05/21/ eco_art_21201AA

SALMERÓN, Víctor. «Populismo contra el ALCA» [en línea]. *El Universal*, 12 de abril de 2004. http://www.eluniversal.com/2004/04/12/ imp_eco_art_12168A

SANTOS, Miguel Ángel. «El fraude económico» [en línea]. *El Universal*, 02 de noviembre de 2012. http://www.eluniversal.com/opinion/121102/el-fraude-economico

SANTOS, Miguel Ángel. «Nunca se hizo tan poco con tanto» [en línea]. *El Universal* 21 de enero de 2009. http://www.eluniversal.com/ opinion/090121/nunca-se-hizo-tan-poco-con-tanto

SOSA, Arturo (1987). «De esta a otra democracia». En: *SIC* 500. Diciembre 1987: 504-509.

TEJERO, Suhelis. «Chávez anunció el alza del IVA a 12 % y más endeudamiento» [en línea]. *El Universal*, 22 de marzo de 2009. http://www. eluniversal.com/2009/03/22/eco_art_chavez-anuncio-alza_1315684

VENTURA NICOLÁS, Patricia: «Ciavaldini presidirá PDVSA» [en línea]. *El Universal*, 01 de septiembre de 1999. http://www.eluniversal. com/1999/09/01/pet_art_01201AA

VERA, Leonardo. «Políticas sociales y productivas en un Estado patri-
monialista petrolero: Venezuela» [en línea]. *Nueva Sociedad* 215,
mayo-junio 2008. http://www.nuso.org

VON SOEST, Christian Karsten Bechle and Nina Korte. «How Neo-
patrimonialism Affects Tax Administration: A Comparative Study
of Three World Regions». *GIGA Working Papers* 172, July 2011.

DOCUMENTOS

Banco Central de Venezuela: *Informe Económico 1976.*
Banco Central de Venezuela: *Informe Económico 1977.*
Banco Central de Venezuela: *Informe Económico 1978.*
Banco Central de Venezuela: *Informe Económico 1981.*
Banco Central de Venezuela: *Informe Económico 1982.*
Banco Central de Venezuela: *Informe Económico 2011.*
CEPAL. *Panorama social de América Latina 2011* [en línea]. http://www.
eclac.org
CEPAL. *Balance preliminar de las economías de América Latina y el Caribe
2009* [en línea]. http://www.eclac.org
Proyecto Nacional Simón Bolívar. Primer Plan Socialista. Desarrollo Eco-
nómico y Social de la Nación 2007-2013. [en línea]. Presidencia,
República Bolivariana de Venezuela. Caracas, septiembre. http://
www.cendit.gob.ve/uploaded/pdf/Proyecto_Nacional_Simon_
Bolivar.pdf

ENTREVISTAS

Gumersindo Rodríguez, quien estuvo al frente del Ministerio de Planificación en el período 1974-1977 durante el primer gobierno de Carlos
Andrés Pérez. Noviembre 2012.

Maritza Izaguirre, ministra de Planificación (Cordiplan) en el período 1982-2 de febrero de 1984 durante el gobierno de Luis Herrera Campíns. Enero 2013.

Francisco Faraco, asesor del presidente del Banco Central de Venezuela, Leopoldo Díaz Bruzual, durante el gobierno de Luis Herrera Campíns. Febrero 2013.

Luis Ugueto, ministro de Hacienda durante el gobierno de Luis Herrera Campíns 1979-1982. Febrero 2013.

Carlos Aponte Blank, sociólogo e investigador del Centro de Estudios del Desarrollo (Cendes). Febrero 2013.